ひつじ英語教育ブックレット 2

学校英語教育は何のため？

江利川春雄 ● 斎藤兆史 ● 鳥飼玖美子 ● 大津由紀雄 著

対談 内田樹 × 鳥飼玖美子

ひつじ書房

まえがき

　「グローバル人材」を育成するために、英語教育を抜本的に改革し、「英語が使える日本人」を育成する。——こうした国策の下に、政府は急進的な英語教育政策を矢継ぎ早に打ち出しています。小学校の外国語活動を3年生に引き下げ、5年生からは教科にして成績も付ける。中学校も高校も英語の授業は英語で行う。大学の入試や卒業時の到達目標にTOEFLなどの外部検定試験を活用する、などなど。

　こうした一連の英語教育政策は、学校の英語教育を向上させ、子どもたちを幸せにするのでしょうか。長らく外国語教育の研究と実践に携わってきた私たちは、自らの社会的責任において問わざるを得ません。

　その答えは「No!」です。

　この間の政策を検討すればするほど、学校の英語教育を破綻させ、子どもたちを不幸にするものでしかない。そう考えた私たちは、2013年6月に大津由紀雄・江利川春雄・斎藤兆史・鳥飼玖美子の共著として『英語教育、迫り来る破綻』(ひつじ書房)を緊急出版しました。幸い、同書はたいへんな反響を呼び、「大学入試・卒業要件にTOEFL等」といった無謀な方針をある程度押し戻すことができました。

しかし、同書の脱稿後も安倍内閣の「第2期教育振興基本計画」（2013年6月14日閣議決定）や文部科学省の「グローバル化に対応した英語教育改革実施計画」（同12月13日）などの英語教育政策が次々に打ち出されました。そのため私たちは、これらに対する批判的な検討を続けるとともに、学校英語教育の進むべき方向を提示する必要があると考えました。

　こうした経緯から、私たちはブックレットの第2弾として、本書『学校英語教育は何のため？』を刊行しました。タイトルのとおり、今回は英語科教育の「目的論」に焦点を当てました。なぜでしょうか。

　前著『英語教育、迫り来る破綻』では、政府などが進めている英語教育の個々の政策内容について専門的な見地から批判を加え、対案を提示しました。その過程で私たちが実感したのは、実用英語が使える「グローバル人材」というエリート育成に特化した現在の英語教育政策が、機会均等を原則とする学校英語教育の本来の目的とは根本的に相容れないということでした。人間でいえば背骨、建物でいえば土台という根本が歪んでいるのです。これを是正しないで個々の政策をモグラたたきのように批判するだけでは、本質的な改善は期待できないのではないか。私たちはそう考えるに至りました。

　では、なぜ根本的に歪んだ政策が出てくるのでしょうか。その第一の原因は、政治主導の名の下に政治家や財界人らの「思い込み」が方針化されるという政策決定過程の構造的な欠陥があるからです。政策提言した自民党の教育再生実行本部や安倍首相の私的諮問機関である教育再生実行会議には、英語教育の専門家は1人もいません。英語教育に関する素人集団が英語教

育政策の骨格を決めてしまい、内閣が「第2期教育振興基本計画」として閣議決定し、それと折り合いをつけながらしか文部科学省は政策を具体化できない構造なのです。しかも、今後は教育委員会を行政の支配下に置き、政治家の暴走に歯止めがかからない構造を作ろうとしていますから、ますます危険です。

にもかかわらず、政治家たちが煽る「英語教育の抜本的改革」には少なからぬ国民が期待してしまうようです。理由の1つは、グローバル化が急速に進む下で、「英語ができないままでは日本は沈没してしまう」といった漠然とした危機感があるからではないでしょうか。もう1つは、戦後は誰もが英語学習を経験しており、「学校で何年間も勉強したのに英語が使えるようにならない」という怨念やトラウマを抱く人が多いからではないでしょうか。三角関数や微分積分が使いこなせなくても誰も学校教育に文句を言わないのに、なぜか英語となると冷静でいられなくなるようです（斎藤論文参照）。

だからこそ、私たちは専門的な知見に基づいて冷静に英語教育政策の問題点を明らかにし、正していかなければならないと考えています。

幸い、今回は私たちに力強い味方が加わってくれました。神戸女学院大学名誉教授の内田樹さんです。内田さんは哲学をはじめ多方面で活躍され、言語教育やグローバル人材育成政策の問題点についても切れ味鋭い発言を続けています。そんな内田さんが、多忙な合間を縫って鳥飼玖美子との対談に応じてくださり、その内容を本書に収録することができました。

こうして私たちは、シリーズ「ひつじ英語教育ブックレット」の第2弾として、自分たちの見解を発表することにしまし

た。コンパクトなブックレットという形式を選んだのは、様々な立場の人々にお読みいただき、学校の外国語教育は何のためにあるのかという根本問題から一緒に考えてほしいと願ったからです。そうすることで、日本の学校英語教育に迫り来る破綻の危機を回避し、進むべき方向と方法を共に見出していきたいと思います。

　活発な議論が起こることを願ってやみません。

2014年初夏
著者一同

目次

まえがき　　　　　　　　　　　　　　　　　　　　　　iii

学校の外国語教育は何を目指すべきなのか
　　　　　　　　　　　　　　　　　　江利川春雄　1

英語学習・教育の目的
　　　　　　　　　　　　　　　　　　斎藤兆史　41

母語と切り離された外国語教育は失敗する
　　日本の学校教育における英語教育の目的を探る
　　　　　　　　　　　　　　　　　　大津由紀雄　57

なんで英語の勉強すんの？
　　会津若松の中学校を訪問して
　　　　　　　　　　　　　　　　　　鳥飼玖美子　85

対談　内田樹×鳥飼玖美子
「悲しき英語教育」　　　　　　　　　　　　　　101

4人組7.14講演会での「目的論」をめぐる白熱の議論　　143
4人組獅子奮迅録（その2）　　　　　　　　　　　147
あとがき　　　　　　　　　　　　　　　　　　　159
著者紹介　　　　　　　　　　　　　　　　　　　163

学校の外国語教育は何を目指すべきなのか

江利川春雄

学校教育の「目的」が問われている

　世界を相手に活躍できる「グローバル人材を育成します」と言われて、「ダメだ」と言う人はまずいないでしょう。しかし、政府・与党が進める英語教育政策の中身を調べてみると、実は危険が一杯です。自民党の教育再生実行本部（2013）が掲げる「グローバルに活躍する人材」とは「年10万人」だけなのです。毎年の高校卒業者は約100万人ですから、この政策は上位1割の英語エリート育成だけに特化し、それ以外の9割は切り捨ての対象とすることで、日本人全体としては英語力を引き下げかねない政策なのです。

　戦後の学校教育は、国民教育として生徒全員に外国語（英語）を学ぶ機会を保障してきました。これにはお金も時間もかかり、英語が苦手な生徒もいますから非効率です。非効率ではあっても、公教育である学校教育は子どもたちの「可能性」を伸ばすために予算と人員を提供してきたのです。ところが、1990年代にバブルがはじけて企業が社内研修を縮小するようになると、「使える英語力」の育成を学校教育に求めるように

なりました。そうした意を受けて、政府は費用対効果に乏しい国民教育としての英語教育にこだわるよりも、少数の「英語が使える日本人」を育成するために資金を重点投資すべきだと考えました。そのために「スーパーグローバルハイスクール」などのエリートコースを創設し、TOEFLや英検などの外部検定試験で高い到達目標を掲げてひたすら競争させ、中学・高校の授業を英語で行わせ、それに耐えられる少数精鋭だけを「グローバル人材」の候補にする政策にシフトしたのです。生徒の9割を犠牲にして1割の英語エリートを育てる政策といっていいでしょう。

　しかし、戦前のように少数のエリートだけが高い英語力を持てばいいのでしょうか。それとも、すべての子どもたちに外国語を学ぶ面白さを体感させて未来への可能性を伸ばし、全体の底上げを図っていくべきなのでしょうか。いま問われているのは、英語教育一般ではなく、学校という公教育における外国語教育の目的とは何か、という根本問題なのです。

　私は教育学部で英語教員の養成・研修に携わる者として、英語力と英語指導力を高めるにはどうしたらよいかを研究・実践するとともに、英語授業の改善のために全国各地の学校や研究会などを訪問しています。それらを通じて痛感するのは、一連の英語教育政策によって学校現場の疲弊が進み、かえって英語の学力低下と英語嫌いが増えているという実態です。

　だから問いたいのです。TOEFLや英検などの外部検定試験を受験させ、授業を英語で行えば、高い英語力が身につくのでしょうか。英語が不得意な子どもたちを底上げする方策を示さない政策が、はたして公教育の方針として妥当なのでしょう

か。そして、どうすれば全員の英語力を高め、必要なときに自分で外国語力を磨くことのできる自律学習者を育てることができるのでしょうか。

こうした問題意識から、本論ではまず2013年6月14日に第2次安倍内閣が閣議決定した「第2期教育振興基本計画」と、文部科学省が同年12月13日に発表した「グローバル化に対応した英語教育改革実施計画」を中心に、政府の英語教育政策を検討します。その上で、過去からの英語教育の目的論の歩みを振り返り、先人たちの思索から学びながら、学校における外国語教育の目的とは何か、その目的に沿った教育をどう進めるべきかを考えていきたいと思います。

なお、(英語)教育の「目的」「目標」という用語について整理しておきます。長期的・終局的に目指す抽象度の高い課題を一般に「目的」(aims)といいます。たとえば、教育基本法が「教育の目的」として定める「教育は、人格の完成を目指し、平和で民主的な国家及び社会の形成者として必要な資質を備えた心身ともに健康な国民の育成を期して行われなければならない」がこれにあたります。他方で、学校の教育課程を通じて達成可能な短期的で具体的な課題を「目標」(objectives)といいます。たとえば、文部科学省の学習指導要領が中学校外国語科の「目標」として掲げる「外国語を通じて、言語や文化に対する理解を深め、積極的にコミュニケーションを図ろうとする態度の育成を図り、聞くこと、話すこと、読むこと、書くことなどのコミュニケーション能力の基礎を養う」などがこれにあたります。本来の「目標」は「目的」に至るための過程です。ただし、実際には目的と目標があまり区別されずに使われる場合

が多いので、文脈によって判断する必要があります。

政府の英語教育政策は何を目指しているのか

● 「第2期教育振興基本計画」

　教育振興基本計画とは、教育施策を総合的・体系的に推進するための財政的措置を伴った計画で、第一次安倍内閣が2006年に改変した新教育基本法によって政府による策定が義務づけられました。第2期教育振興基本計画は2013年度から2017年度までの5年間が対象で、4つの基本的方向性、8つの成果目標、30の基本施策を掲げ、国の教育政策の基本方向を定めています。これを参考に、各都道府県や政令指定都市でも教育振興基本計画を策定します。

　外国語教育に関しては、「基本的方向性2」の「成果目標5」と「基本施策16」で述べられています。その内容は以下の通りです。

第2期教育振興基本計画（抜粋）2013年6月14日閣議決定

基本的方向性2. 未来への飛躍を実現する人材の養成
成果目標5（社会全体の変化や新たな価値を主導・創造する人材等の養成）

　「社会を生き抜く力」に加えて、卓越した能力※を備え、社会全体の変化や新たな価値を主導・創造するような人材、社会の各分野を牽引（けんいん）するリーダー、グローバル社会にあって様々な人々と協働できる人材、とりわけ国際交渉など国際舞台で先導的に活躍できる人材を養成する。

これに向けて、実践的な英語力をはじめとする語学力の向上、海外留学者数の飛躍的な増加、世界水準の教育研究拠点の倍増などを目指す。
（※能力の例：国際交渉できる豊かな語学力・コミュニケーション能力や主体性、チャレンジ精神、異文化理解、日本人としてのアイデンティティ、創造性など）

【成果指標】
〈グローバル人材関係〉
①国際共通語としての英語力の向上
- 学習指導要領に基づき達成される英語力の目標（中学校卒業段階：英検3級程度以上、高等学校卒業段階：英検準2級程度〜2級程度以上）を達成した中高校生の割合50％
- 卒業時の英語力の到達目標（例：TOEFL iBT80点）を設定する大学の数及びそれを満たす学生の増加、卒業時における単位取得を伴う海外留学経験者数を設定する大学の増加

②英語教員に求められる英語力の目標（英検準1級、TOEFL iBT80点、TOEIC 730点程度以上）を達成した英語教員の割合（中学校：50％、高等学校：75％）

③日本の生徒・学生等の海外留学者数、外国人留学生数の増加（2020年を目途に日本人の海外留学生数を倍増など）

④大学における外国人教員等（国外の大学での学位取得、通算1年以上国外で教育研究に従事した日本人教員を含む）の全教員に占める比率の増加

⑤大学における外国語による授業の実施率（外国語による授業／全授業数）の増加

⑥大学の入学時期の弾力化状況の改善（4月以外で入学した学生数の増加）

基本施策16　外国語教育、双方向の留学生交流・国際交流、大学等の国際化など、グローバル人材育成に向けた取組の強化

【主な取組】

16-1 英語をはじめとする外国語教育の強化

・新学習指導要領の着実な実施を促進するため、外国語教育の教材整備、英語教育に関する優れた取組を行う拠点校の形成、外部検定試験を活用した生徒の英語力の把握検証などによる、戦略的な英語教育改善の取組の支援を行う。また、英語教育ポータルサイトや映像教材による情報提供を行い、生徒の英語学習へのモチベーション向上や英語を使う機会の拡充を目指す。大学入試においても、高等学校段階で育成される英語力を適切に評価するため、TOEFL等外部検定試験の一層の活用を目指す。

・また、小学校における英語教育実施学年の早期化、指導時間増、教科化、指導体制の在り方等や、中学校における英語による英語授業の実施について、検討を開始し、逐次必要な見直しを行う。

・教員の指導力・英語力の向上を図るため、採用や自己研鑽(じこけんさん)等での外部検定試験の活用を促すとともに、海外派遣を含めた教員研修等を実施する。また、国際バカロレアの普及のためのフォーラムや教員養成のためのワークショップを開催するとともに、ディプロマプログラム（DP）（※）の一部科目を日本語で行う日本語デュアルランゲージディプロマプログラム（日本語DP）の開発を行う。

※国際的な大学入学資格を得ることができる、16～19歳を対象としたプログラム。

文部科学省

(http://www.mext.go.jp/a_menu/keikaku/detail/1336379.htm)

近年の英語教育政策が混乱する原因は、政策決定にあたって英語教育の専門家や教員の意見をほとんど聞かずに、財界人や専門外の有識者たちが基本的な方向を決めてしまい、しかも重要方針をいつ誰が決定したのかを明らかにしない（したがって誰も責任を取らない）からです。その典型が「第2期教育振興基本計画」に盛り込まれた小学校英語の早期化・教科化と、中学校での英語による英語授業実施という政策決定のプロセスです。

　この「第2期教育振興基本計画」のほとんどの内容は、中央教育審議会の教育振興基本計画部会によって作成され、2013年4月25日に政府に答申されました。部会長は中教審会長でもある三村明夫氏（新日鐵住金取締役）で、彼は日本経団連副会長、日本商工会議所会頭などを務めた財界の重鎮です。

　ところが中教審答申の段階では、「小学校における英語教育実施学年の早期化、指導時間増、教科化、指導体制の在り方等や、中学校における英語による英語授業の実施」についてはまったく入っていませんでした。この方針が入ったのは、安倍首相の私的諮問機関である教育再生実行会議が5月28日に提出した「これからの大学教育等の在り方について（第三次提言）」です。つまり、わずか1カ月程の間に、中教審で議論もされていない重要方針を私的機関の関係者が「提言」に盛り込み、安倍内閣はそのまま6月14日に「第2期教育振興基本計画」として閣議決定してしまったのです。もちろん、教育再生実行会議には英語教育の専門家はいません。信じられないような政策決定プロセスです。

● 「グローバル化に対応した英語教育改革実施計画」

　「第2期教育振興基本計画」を具体化し、「小・中・高等学校を通じた英語教育全体の抜本的充実を図る」ために、文部科学省は「グローバル化に対応した英語教育改革実施計画」を発表しました。その概要は以下の通りです。

グローバル化に対応した英語教育改革実施計画（概要）
　　　　　　　　　　　　　文部科学省　2013年12月13日

○小学校3・4年生：(目標) 英語を用いてコミュニケーションを図る楽しさを体験することで、コミュニケーション能力の素地を養う。活動型で、学級担任を中心に週1～2コマ程度。

○小学校5・6年生：(目標) 読むことや書くことも含めた初歩的な英語の運用能力を養う。教科型で、学級担任に加えて専科教員を積極的に活用し週3コマ程度。

○中学校：身近な話題についての理解や簡単な情報交換、表現ができる能力を養う。授業を英語で行うことを基本とする。

○高等学校：幅広い話題について抽象的な内容を理解できる、英語話者とある程度流暢にやりとりができる能力を養う。授業を英語で行うとともに、言語活動を高度化（発表、討論、交渉等）。

○小学校における指導体制強化：英語教育推進リーダーの加配措置・養成研修。専科教員養成研修、担任教員英語指導力向上研修（3・4年担任約7.1万人、5・6年担任約7.3万人）。小学校英語（教科）に対応する特別免許状の創設。

○中・高等学校における指導体制強化：英語教育推進リーダーの養成・教員の指導力向上。全ての英語科教員について、英検準1級、TOEFL iBT 80点程度等以上の英語力を確保、県

等ごとの教員の英語力の達成状況を定期的に検証。
○外部人材の活用促進：外国語指導助手（ALT）の配置拡大、地域人材等の活用促進。
○指導用教材の開発：先行実施のための教材整備、モジュール授業指導用ICT教材の開発・整備。
○小・中・高の各段階を通じて英語教育を充実し、生徒の英語力を向上（高校卒業段階で英検2級〜準1級、TOEFL iBT 57点程度以上等）→外部検定試験を活用して生徒の英語力を検証するとともに、大学入試においても4技能を測定可能な英検、TOEFL等の資格・検定試験等の活用の普及・拡大。
○「英語を用いて〜することができる」という形式による目標設定（CAN-DOリスト）に対応する形で4技能を評価、小中高を通じて一貫した学習到達目標を設定。
○日本人としてのアイデンティティに関する教育の充実（伝統文化・歴史の重視等）。
○スケジュール：2014〜2018年度は指導体制の整備、英語教育強化地域拠点事業・教育課程特例校による先取り実施の拡大。中央教育審議会での検討を経て学習指導要領を改訂し、2018年度から段階的に先行実施。東京オリンピック・パラリンピック開催に合わせて2020年度から全面実施。

（文部科学省の資料 http://www.mext.go.jp/a_menu/kokusai/gaikokugo/1343704.htm をもとに江利川が編集作成）

　「実施計画」には、「2020年の東京オリンピック・パラリンピックを見据え、新たな英語教育が本格展開できるように」計画すると書いてあります。小学校英語の教科化や中学校での英語による授業を2020年に全面実施するには、教科書の準備な

どを考えると2016年度中には新学習指導要領を告示しなければなりません。現行指導要領の総括もないまま、通常より2年も早く改定するというのです。小学校に新教科（英語）を増やすといった重要な教育改革を、十分に検討する時間も保障せず、スポーツ・イベントと関連させて提起するという安易で無責任な発想は、教育政策というよりも政治的なプロパガンダといえるでしょう。

●エリート育成と大多数の切り捨て

　第2期教育振興基本計画の「成果目標」を素直に読むと、日本の学校教育がめざす目標は、ハーバード大学やフランス国立行政学院も青ざめるような「卓越した能力」を有するスーパー・エリートを育成することだけなのかと思ってしまいます。「社会全体の変化や新たな価値を主導・創造するような人材」、「社会の各分野を牽引するリーダー」、「国際交渉など国際舞台で先導的に活躍できる人材を養成する」と書いてあるからです。そのために、たとえば「語学力とともに、幅広い教養や問題解決力等の国際的素養を身に付けさせる教育を行う新しいタイプの高校（スーパーグローバルハイスクール）を創設する」としています。

　こうしたグローバル人材に求められる外国語能力とは「国際交渉できる豊かな語学力・コミュニケーション能力」、つまり外交官レベルです。ぜひ政府閣僚や国会議員にお手本を見せていただきたいと思います。ちなみに、2013年5月1日の朝日新聞で私と紙上論争した教育再生実行本部長の遠藤利明衆議院議員はTOEFLを受けたことがなく、「受けても〔120点満点

の〕10点ぐらいでしょうか」と自ら語っています。

　教育振興基本計画は本来、国の教育施策を「総合的・体系的に推進する」ためのものですが、実際に書かれてあるのはスーパー・エリートの育成目標だけです。それ以外の普通の子どもたちの外国語能力をいかに底上げするかについては何ひとつ書かれていない恐るべき計画なのです。

　そもそも本来のグローバル人材とは、自分とは異なる価値観や個性を尊重し、協調しながらリーダーシップを発揮できる人間のはずです。その育成のためには、エリートだけを純粋培養するのではなく、多様な学習者同士が互いに認め合い高め合うことで全員を伸ばす協同学習を取り入れた授業スタイルが重要です（江利川 2012）。

●英検・TOEFL等外部検定試験への危険な依存

　では、そうしたスーパー・エリートをどう養成するというのでしょうか。達成ノルマを示して試験と競争に追い立てる。これだけです。試験といっても、学校の教育課程に対応した優れた試験を独自に開発しようというのではありません。民間団体が運営している既存の実用英語技能検定（英検）や海外留学用のTOEFLなどの外部検定試験を安易に利用するだけです（その危険性は、『英語教育、迫り来る破綻』の鳥飼論文参照）。

　しかも、基本的な認識が誤っています。「成果指標」には、「学習指導要領に基づき達成される英語力の目標（中学校卒業段階で英検3級程度以上、高等学校卒業段階で英検準2級程度〜2級程度以上）」と書いています。しかし、中学・高校の外国語教育の目的は実用英語技能や留学だけを目指したものでは

ありませんから、国の教育振興基本計画で英検やTOEFLを成果指標として掲げ、これらの試験によって生徒と教師の能力を数値目標で管理することは誤りです。語彙水準をみても、学習指導要領が定める水準（中高を合わせて3,000語程度）と英検の語彙水準（2級で5,100語程度、準1級で7,500語程度）とは整合しません。

百歩譲って、そうしたスコアの提示が目安として必要だとしても、そこには正当な根拠と一貫性がなくてはなりません。にもかかわらず、高校卒業段階の到達目標を見ると、たった10カ月ほどの間に3回も変わっているのです。どれほど学問的な根拠がない設定かは明らかです。一覧表にまとめました。

高校卒業段階の到達目標

提言・計画	到達目標とする試験	達成率
教育再生実行本部「成長戦略に資するグローバル人材育成部会提言」（2013年4月8日）	TOEFL iBT 45点（英検2級）等以上	100%（全員）
政府「第2期教育振興基本計画」（同6月14日）	英検準2級程度〜2級程度以上	50%
文科省「グローバル化に対応した英語教育改革実施計画」（同12月13日）	英検2級 〜 準1級、TOEFL iBT 57点程度以上	不明

このように、文科省は「TOEFL iBT 45点」と設定されていた目標を「57点」に、また閣議決定された「英検準2級程度〜2級程度以上」を「英検2級〜準1級」に引き上げていますが、その根拠は示していません。政策立案者がどこまで認識しているかは疑問ですが、英検2級の語彙範囲は5,100語程度

で、合格ラインは約6割。ところが準1級となると語彙範囲は7,500語程度、合格ラインも約7割に上がるので、大学の英語専攻生でも合格が難しい試験です。ですから政府は英検準1級を「英語教員に求められる英語力の目標」としたのです。その英語教師と同じ到達目標を高校生に設定するというのは、まさに支離滅裂です。

　到達目標というのは学習者や教師にとってはきわめて重大な問題です。明確な根拠も示さずに、「実施計画」を作文した役人の思いつきでコロコロ変えてよいはずがありません。

　なお、橋下徹市長が率いる大阪市の教育振興基本計画（2013〜15年度）が掲げる目標は、中学校重点校の修了段階で「英検2級・準1級程度、TOEFL等の受験に対応できる英語力を育成する」ですから、目が点になります。学習指導要領が定めた中学3年間の語彙は1,200語程度ですが、TOEFLの語彙はその約10倍もあります。高すぎるノルマを課して社員を追い詰めるブラック企業さながらの発想ではないでしょうか。

　高校段階の学習到達度を測る試験としては、四半世紀にわたって改良が重ねられてきた大学入試センター試験があります。これではダメだというのであれば、安易に外部検定試験に依存せずに、日本の教育課程と整合した独自の英語力測定試験を開発すべきです。ただし、そう簡単ではありません。たとえば、韓国政府は4技能を測る「韓国版TOEFL」である「国家英語能力評価試験」（National English Ability Test＝NEAT）を巨費を投じて開発し、2012年から大学入試で実施してきました。しかし、たった2年で廃止を決めました。原因は「学校

教育現場の調査がきちんと行われていなかったうえに、当初の公教育のみで進める計画からは外れ、私教育熱に油を注いだこととなり、学歴格差の深刻化、広報不足などの問題にぶつかってしまった」からだそうです（安河内2014）。学校現場の実情を調査せず実施、結果は学歴格差の深刻化…。対岸の火事とは思えません。

　政府は、英語教師の英語力を英検、TOEFL、TOEICなどで測り、しかも達成率を「中学校50％、高等学校75％」などと設定し、結果を公表するとしています。この発想はたいへん危険です。教師の仕事は教科指導、生活指導、クラブ指導などの多岐にわたり、英語力が高いだけでは務まりません。生徒・同僚とのコミュニケーション能力、指導力、人間性など、外部検定試験では測れない能力も求められます。行政がなすべきことは、生徒と向き合うための「ゆとり」を教師に与え、教育条件を整備し（後述）、英語力と指導力向上のための自主的な研究・研修活動への参加を支援することです。

●「グローバル化＝英語力」ではグローバル人材は育たない
　「基本計画」と「実施計画」の基調となっているのは、「グローバル化への対応＝英語力の増強」という、たいへん短絡的な発想です。しかし現実には、世界の約9割の人々は英語を使いません。世界には6千を超す言語と民族が存在しており、それらと平和的に共生していくためには、多様な言語や文化への理解と寛容さこそが必要不可欠です。そうした原則から、中学・高校の教科名は「英語」ではなく「外国語」とされており、現行の学習指導要領外国語編の目標にも「言語や文化に対

する理解を深め」という条項が入っているのです。歴史的にも、1969年に告示された中学校学習指導要領から、教科書の題材を英語圏だけでなく「広く世界の人々」に広げました。こうして、アメリカ一辺倒だった英語教科書は1970年代から多様な文化圏を盛り込むようになりました。

　また、臨時教育審議会が第2次答申（1986）で「英語だけでは十分でなく、近隣諸国の言語をはじめとするより多様な外国語教育を積極的に展開する必要がある」と提言したことなどを受けて、文部科学省は少しずつですが高校等での外国語教育の多様化を進め、2003年からは「高等学校における外国語教育多様化推進地域事業」を実施してきました。

　ところが、財界は「英語が使える日本人」の育成を学校教育に強く求めるようになりました。そうした反動で、英語以外の外国語科目を開設する高校は2007年をピークに減少を続け、2012年には713校で、全体の14%にすぎません。大学でも、設置基準の大綱化（1991）によって「第2外国語」の履修が緩和され、英語以外の外国語を学ぶ学生が減少しました。2013年の「第2期教育振興基本計画」や「グローバル化に対応した英語教育改革実施計画」には、英語以外の外国語教育についてはまったく言及されていません。

　これでは「グローバル人材」は育ちません。アメリカでさえ2001年の9.11同時多発テロの一因がイスラム圏などの言語や文化への無理解であったことを反省し、2006年に「国家安全保障言語構想」（National Security Language Initiative）を発表しました。そこでは、学校での外国語教育を強化し、それまで手薄だったアラビア語、中国語、ロシア語、ヒンディー語、

ペルシャ語などを重点言語に指定しました。

　日本も中国語、朝鮮・韓国語などの周辺諸国の言語を含む複数言語の学習環境を整えなければなりません。実際、中国で日本人駐在員が使用する言語は、英語ではなく、第一に日本語であり、次いで中国語だったとする調査研究もあります（Kubota 2013）。現地の習慣や作法などを含む異文化理解教育も重要です。政府や財界の「グローバル化だから英語だ」という考えは、現実をきわめて単純化した「反グローバル」な見解です。

●中学校でも「授業は英語で」の危険性
　政府は、高校に続いて今度は中学校でも「授業を英語で行うことを基本とする」という単一言語主義（monolingualism）の方針を導入するとしています。和訳させることにも否定的です。英語の運用力を高めたいという意図からでしょうが、残念ながら、学問的にも実践的にも根拠のない重大な誤りです。
　英語と日本語とは文構造が著しく異なりますから、週に数時間程度の英語のインプットを与えれば上達するほど簡単ではありません。実際に、中学生に英語の苦手分野を尋ねると「文法が難しい」（79％）との回答が第1位です（ベネッセ教育研究開発センター2009: 8）。英語による運用練習を急ぐ前に、文の構造や意味を日本語と対比させながら理解させなければ、英語がわかるようにはなりません。わからなければ嫌いになっていきます。悲しい現実ですが、高校入学時の英語学力は1995年から14年間に、偏差値換算で7.4も低下しています。下落の程度は「1年程度の英語学習では追いつけないほどの大きさ」

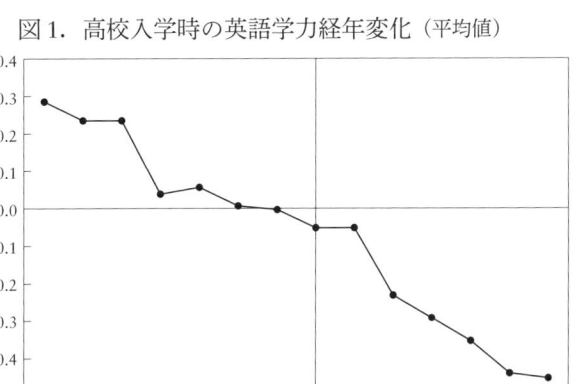

図1. 高校入学時の英語学力経年変化（平均値）

中学校学習指導要領実施時期（平成元年度版）　　（平成10年度版）
平成元年度改訂学習指導要領下　←→　平成10年度改訂学習指導要領実施下

注：平成元年改訂学習指導要領下で中学校英語教育を受けた生徒が高等学校に入学するのは2002年度までで、2003年度以降は平成10年度改訂学習指導要領下で教育を受けた中学生が高等学校に入学している。

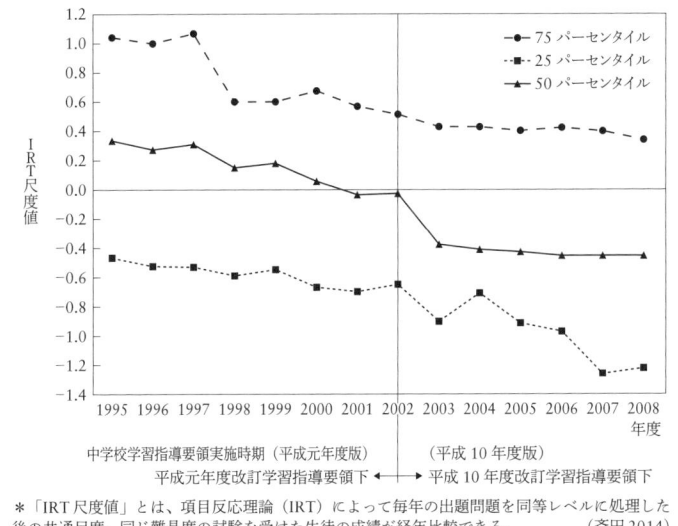

図2. 高校入学時の英語学力経年変化（パーセンタイル）

中学校学習指導要領実施時期（平成元年度版）　　（平成10年度版）
平成元年度改訂学習指導要領下　←→　平成10年度改訂学習指導要領実施下

＊「IRT尺度値」とは、項目反応理論（IRT）によって毎年の出題問題を同等レベルに処理した後の共通尺度。同じ難易度の試験を受けた生徒の成績が経年比較できる。　　（斉田 2014）

学校の外国語教育は何を目指すべきなのか　17

（斉田2014: 108）という深刻さです。また成績上位層と下位層との格差も拡大しています（図1、図2参照）。原因は複合的でしょうが、この14年間は中学校の学習指導要領が文法や訳読を軽視して音声中心の「コミュニケーション重視」に転換した時期と重なります。「授業は英語で」という政策は、英語がわからない生徒をさらに増やし、学力低下を加速させるでしょう。

　授業で英語を使うか日本語を使うかは、医師が患者の治療方針を決めるのと同様に、指導内容や生徒の特性などによって慎重に見極めなければなりません。学習指導要領で「授業は英語で行う」と決めてしまうことは、厚生労働省が特定の新薬を全国の患者に一律に投与せよと通達するような愚行です。現に、「授業は英語で」の方針は2013年度から高校で実施に移されていますが、各地で「オールイングリッシュ」が強いられ、現場の実情に合わずに混乱を招いています（江利川研究室ブログ「希望の英語教育へ」に2014年3月1日から5回連載した「高校英語教師からの手紙」参照）。そうした検証もせずに、中学校に降ろすというのはあまりに無責任です。しかも文科省の「実施計画」によれば、高校では「基本とする」（つまり日本語の一部使用も可）を削除して「授業を英語で行う」としています。

　もちろん、個々の教師が英語で授業を行うことは自由です。英語を使った活動を増やすことも大切です。しかし、教師主体の一方的な教え込みによる授業が根強い現状では、「授業は英語で」だけを強調すれば「一方的な講義を英語で行う」授業となり、ついて行けない生徒を増やすだけです。そもそも、「授

業は英語で」という方針が最新の特効薬だと考えるのは間違いです。カナダを拠点に国際的に活躍する久保田竜子教授（ブリティッシュコロンビア大学）は、「世界の専門家が推奨する指導方法は、母語能力を最大限活用した効率的、創造的な言語活動であり、『英語は英語で』式の指導方法はガラパゴス的発想だ」と指摘しています（久保田2014）。また、イギリス応用言語学界の重鎮であるガイ・クックも、母語への翻訳は言語教育・学習の自然かつ効果的な手段であり、異文化間理解・言語意識・個性の維持を推進するものだと述べています（Cook 2010）。さらに、英語達人として著名な同時通訳者の小松達也氏も「日本語を生かすことは決して英語力を伸ばすことの障害にはなりません」と指摘しています（小松2012: v）。こうした内外の専門家の知見をふまえるならば、「授業は英語で」を学習指導要領に盛り込むことは見送るべきです。

　原点に立ち返って考えてみましょう。戦前に外国語教育を享受できた人の割合は、せいぜい1〜2割でした。しかし、戦後は新制中学校の発足によって事実上すべての国民が外国語を学べるようになりました。現在、仕事などで外国語を使う人は多めに見ても1割程度だと推計されますが、なぜ全員に外国語（英語）を課すのでしょうか。

　学校における外国語教育の目的は、その外国語を使いこなせるようにすることだけではありません。日本語と外国語を比較して構造や発想の違いに気づかせ、ことばの面白さと深さを認識させることでもあるのです。そうすることで、母語である日本語を豊かにし、深い思考力と豊かな感性を持った人間を育てるのです（後述）。文科省自身も、2008年に告示された現行の

中学校学習指導要領に「語順や修飾関係などにおける日本語との違いに留意して指導すること」や「音声指導に当たっては、日本語との違いに留意」することを盛り込みました。こうした日英比較は英語の理解を促進し、記憶を定着させる上で効果的だからです。「授業は英語で」を強いる方針は、そうした多面的な指導の可能性を狭め、思考と感性を支える母語能力の育成を阻害する点で「愚民化政策」になりかねないのです。

実は、こんな教育方針では企業も困るでしょう。日本経済団体連合会（経団連）の「新卒採用（2012年4月入社対象）に関するアンケート」によれば、企業が選考にあたって最も重視したのは「（日本語による）コミュニケーション能力」（82.6％）で、以下「主体性」（60.3％）、「チャレンジ精神」（54.5％）、「協調性」（49.8％）と続き、「語学力」はたった6.9％で23項目中17位にすぎませんでした。重視されるのは、「語学力」よりも母語による「コミュニケーション能力」なのです。ですから私は、英語の授業に協同学習を取り入れ、仲間同士が積極的に関わり合いながら高度な課題を遂行していく授業法を推奨しているのです。そうした話し合いにおいて日本語の使用を認めないならば、深い議論にはなりません。実社会で必要とされる「コミュニケーション能力」は育ちにくいのです。

その意味で、大藪順子（フォトジャーナリスト）のコメントは核心を突いています。「この国が自分達の思い通りになると思っている今の政治家にとっては、『自分の頭で考えて意見が言える』人材教育は、彼らの地位を脅かす人を増やす危険性があるため、そんな教育方針を進めることはないだろう。（中略）

だから将来の日本の利益に繋がるよう、英語がしゃべれるようになっては欲しいが、自由に意見を言える人になってもらっては困るというのが、この国で教育方針を進める人たちの本音ではないだろうか。」(大藪2014)

●大学授業の英語化より「日本が好きな外国人」の育成を
　第2期教育振興基本計画では、大学における外国人教員等の占有率や外国語（英語）による授業の実施率を高めるとしています。たとえば、京都大学は政府の補助金を得て5年間で外国人教員を100人雇用し、教養科目の約半数を英語で実施すると発表しました。もちろん、必要な限りで大学や大学院の一部の授業を外国語で実施することには異存ありません。しかし、教養科目の半数を英語で実施し、日本人教員を大量に削減するというのは異常です。当然ながら、教員有志が反対声明を出しました（http://forliberty.s501.xrea.com/）。学問研究の基礎となるのは論理的で強靭な思考力ですが、英語による授業では能力の多くが英語の理解に割かれてしまい、内容を深く考えることが阻害されます。声明には「英語の学力向上に役立つというよりも、学生の知性・精神面を劣化させる害のほうが大きい」などの反対理由が列挙されています。

　日本の大学教育が母語によって行えるようになったのは、明治中期（1880年代）のことです。先人たちが西洋の学術用語を日本語に翻訳したからでした。そうした努力の結果、「現象」「抽象」「概念」「理性」などの語彙が日本語として定着し、日本人の思考力を豊かにしました。しかし近年は和訳能力が劣化しており、「コンプライアンス」「インセンティブ」「サーベイ

ランス」などが日本語として咀嚼されないまま放置されています。中学・高校での英語による授業の実施によって翻訳能力をさらに劣化させ、大学の授業を明治前期の「お雇い外国人」の時代にまで逆行させるような政策は、いったいどこの国益にかなうのでしょうか。グローバル化とはアメリカの51番目の州になることなのでしょうか。

　大学の授業の一部を英語で行ったとしても、英語母語話者と対等に勝負できるはずがありません。逆転の発想が必要です。日本でこそ学べる分野をアピールして世界から留学生を集め、成果を国際的に発信していくのです。日本でグローバル人材を育成するためには、「英語が使える日本人」を育成するだけでなく、「日本語が使える外国人」を育成する必要があるのです。

　幸い、日本のアニメ、J-POP、ファッションなどが人気を集めるクールジャパン効果もあり、いま世界では日本語と日本文化に対する関心がたいへん高まっています。国際交流基金の「2012年度　海外日本語教育機関調査」によると、世界の日本語学習者数は約399万人で、前回2009年度の調査時よりも9.2％増加しています。調査を開始した1979年から33年間で31倍も増えているのです。国別では、中国が全体の26.3％を占め、続いてインドネシアが21.9％、韓国が21.1％でした。タイのように、日本語学習人口が2009年度比で一気に64.5％も急増した国もあります。

　他方、日本語教育上の問題点として上位を占める回答は、教材が不足（28.5％）や施設・設備が不十分（26.1％）などです。こうしたニーズに応えるために、日本語教育の環境整備を図る支援策が必要です。

ところが、日本の対外言語文化政策は大きく立ち遅れています。世界各地に「アメリカン・センター」などを展開する米国は別格としても、2009年時点で英国のブリティッシュ・カウンシルは年間予算1,064億円、職員5,557人、海外拠点191カ所で、ドイツのゲーテ・インスティチュートは予算384億円、職員2,794人、海外拠点136カ所ですが、日本の国際交流基金は予算171億円、職員382人、海外拠点22カ所にすぎません。国民1人当たりの予算規模では、日本の国際交流基金はブリティッシュ・カウンシルの約13分の1、ゲーテ・インスティチュートの約4分の1にすぎないのです（国際交流基金2012）。近年では、各地に拠点を開設して教師も派遣する物量作戦を展開する中国や韓国に圧倒されつつあるようです（望月2014: 23）。

　日本の学生を「内向きだ」と責める前に、かくも貧弱な対外言語文化政策しか行っていない日本政府こそ「内向き」なのではないでしょうか。そうした状況を抜本的に改善しないまま、日本人のポストを削って外国人教員を増やし、大学の授業を英語で行えば補助金を出すという政策は、一種の自己植民地化であり、「亡国の外国語政策」ではないでしょうか。

●教育条件の整備こそ政府の仕事

　政府が最優先すべきは、教育条件を整備することです。ところが、日本の国内総生産（GDP）に占める教育機関への公的支出の割合は2010年に3.6％で、経済協力開発機構（OECD）加盟国の平均5.4％を大幅に下回り、4年連続で最下位という恥ずかしい状況です。

当初、第2期教育振興基本計画に「教育予算はOECD諸国並みを目指す」という数値目標を明記する予定でしたが、安倍内閣はこれを見送りました。2013年度予算では、公共事業費を15.6％も増やして5兆2,853億円とした一方で、文教予算は0.7％減の4兆661億円に削られました。こうした状況で、2014年度に56校指定したスーパーグローバルハイスクールには、1校あたり年1,600万円を上限に重点配分します。その分、一般の学校への予算配分は削減されるでしょう。また、外国語教育には少人数指導が不可欠ですが、安倍政権は進みかけていた35人学級化を小2で中断しました。まさに、「人よりコンクリート」の政策です。

　日本の国家予算に占める教育費の割合は1975年度には12.4％でしたが、どんどん下がり続け、2011年度には6.0％と半減しました（大谷2012: 317）。しかし世界を見ると、時代が産業社会から知識基盤社会へと移行する中で、各国とも教育投資を増やしています。たとえば、日本と同様に少子化が進む韓国では、1999年から2006年の間に公財政教育支出を1.6倍に増やしています。英国も1.5倍、アメリカも1.2倍です。それに対して日本は1.0倍、つまり教育予算を増やしていないのです。これで「世界と戦え」というのは、装備も補給も貧弱なままで「大和魂で闘え」と命じた戦時中の軍部のような空虚な精神主義ではないでしょうか。日本人の外国語能力を高めたいのであれば、政府は教師の研修や少人数指導の環境を充実させ、それに必要な予算を保障すべきです。

　さて、これまで最近の英語教育政策を批判的に検討しなが

ら、学校における外国語教育は何を目指すべきかを考えてきました。実はこの目的論の問題は、明治以降ずっと論じられてきました。これからの目的論を考えるために、これまでの目的論を振り返ってみましょう。そこにはたくさんのヒントが詰まっています。

外国語教育の目的論の歩み

●教育的価値と実用的価値

　学校の教科目の1つとしての英語教育（＝英語科教育）の目的論の礎石となったのは、岡倉由三郎の「教育的価値と実用的価値」論で、1911（明治44）年に刊行された名著『英語教育』（39–40頁）の中で展開されました。岡倉は教育の総本山と言われた東京高等師範学校の英語科主任教授でしたから、その影響は絶大でした。（以下の引用では、表記を新漢字などに改めました。）

> **（教育的価値）**　見聞を広めて固陋の見を打破し、外国に対する偏見を撤すると共に、自国に対する誇大の迷想を除き、人類は世界の各処に、同価の働を為し居ることを知らしむるが如きは、英語の内容、換言すれば風物の記事に依って得らるゝ利益で、又、言語上の材料、即、語句の構造、配置、文の連絡、段落等を究めて、精察、帰納、分類、応用等の機能を錬磨し、且つ従来得たる思想発表の形式即、母国語の他に、更に思想発表の一形式を知り得て、精神作用を敏活強大ならしむるが如き、以上は何れも英語の教育的価値である。

> **(実用的価値)** 英語の実用的価値は如何と云ふに、英語を媒介として種々の知識感情を摂取することである。換言すれば欧米の新鮮にして健全な思想の潮流を汲んで、我国民の脳裏に灌ぎ、二者相幇けて一種の活動素を養ふことである。我国が維新以来、偉大なる進歩発達を為せるは、主として外国の新知識、新思想を採用した為で、其手段となり媒介となったものは、外国語なることは、誰しも首肯する所である。

英語に限らず、学校教育で学ぶどの教科にも「教育的価値」と「実用的価値」という二重の価値があります。たとえば学校で微分積分を習ったとしても、科学者などになって実用的に使いこなす人は少数でしょう。しかし、論理的思考力を鍛え「精神作用を敏活強大ならしむる」という意味では全員に課す価値があるわけです。

なお、ここで岡倉が述べている「実用的価値」の内容は、単に仕事や生活で英語が使えるといった狭い意味ではありません。もっとマクロな視点から、明治維新以降の日本の近代化の過程で「外国の新知識、新思想を採用」するために外国語が果たした役割を述べているのです。

ただし、岡倉の規定には時代的な制約もあります。今日では欧米文明の「摂取」「採用」にとどまらず、自国文化の世界への「発信」という価値があることは言うまでもありません。また岡倉は、もっぱら特権的なエリートコースだった明治期の中等学校における英語教育を念頭に目的論を展開しています。そのため、「中学校、師範学校の英語は gentleman たる素質を造るための English であるから、実用方面には多少欠くる処があっても修養方面に於て之を補ふ処多ければそれで満足せねば

ならぬ」とも述べています（岡倉1916: 115）。

　他方、庶民の子弟などが通い卒業後は就職する者が多かった高等小学校では、農業や工業などと並ぶ実業的な選択科目として英語を開設する学校もありました。その目的は、文部省法令に従って「英語の教授は常に実用を主とすべし、されば会話問答の形式を便とす」（小泉・乙竹1910: 333）と認識されていました。

　岡倉の英語教育価値論を継承・発展させ、「文化的教養価値」を提唱したのが、弟子の福原麟太郎でした。彼は岡倉の名義で代筆した『英語教育の目的と価値』（岡倉1936: iii, 1）で次のように述べています。（第1文のみ岡倉執筆の「序」より）

> 英語教育の目的は斯様（かよう）な文化的教養の精神の上にあり、その価値も亦（また）斯様な文化的価値を持つことに、最もその意義があると言はなければならない。（中略）教育であるから、英語の実用的な知識を授けるほかに、精神的な食物としても英語を教へる。（中略）職業を教へる学校でない限り実用価値よりもこの後者、即ち教養価値が主位に置かれなければならない。（中略）学校は教養の為である、単なる知識の商店ではない。

　学校で習った知識は、そのまますぐに実生活で役立つものではありません。教養を高め、人格の完成に資するためなのです。その意味で、福原はきっぱりと「学校は教養の為である、単なる知識の商店ではない」と言い切っています。

●学習指導要領における目標
　岡倉や福原によって深められた英語教育の目的論は、戦後の

学習指導要領にも影響を与えます。それが特に顕著なのが、福原自身も参画して1951年に改定された文部省の「中学校高等学校学習指導要領外国語科英語編〔試案〕」です。これは英語と日本語からなる全3分冊759頁にも及ぶ大部なもので、「目標」の部分に合計47頁も割いています。そこでは、英語教育の目標を①一般目標、②機能上の目標、③教養上の目標に3区分しており、教養上の目標が「終極の目標」だと述べています。

このうち、その後の指導要領の目標に強い影響を与えたのが「一般目標」でした。そこには次のように書かれています。

> 聴覚と口頭との技能および構造型式の学習を最も重視し、聞き方・話し方・読み方および書き方に熟達するのに役だついろいろな学習経験を通じて、「ことば」としての英語について、実際的な基礎的な知識を発達させるとともに、その課程の中核として、英語を常用語としている人々、特にその生活様式・風俗および習慣について、理解・鑑賞・および好ましい態度を発達させること。

後半の「英語を常用語としている人々」とは、当時の感覚では何よりもアメリカ合衆国民でした。つまり英語学習を通じて同盟国であるアメリカへの「好ましい態度を発達させること」が目標として提唱されていたのです。*Jack and Betty* などの英語教科書も、その趣旨に合致した親米的な内容でした。こうした英語教育政策を、戦後の東西冷戦構造と日米安保体制という政治的な文脈に置いてみると、歴史的な意味が見えてきます。

さらに「教養上の目標」では「このような鑑賞と態度との発

達が、習得した言語技能とともに、平和への教育の重要な一部として役立つものとなる」と書かれています。ところが皮肉にも、この学習指導要領が出された1951年は朝鮮戦争（1950-53）のまっただ中であり、日本はその前線基地にされました。

その朝鮮戦争を足がかりに、日本が高度経済成長にひた走るようになると、経済界は「役に立つ英語」を求めるようになります。そうした声がどんどん強まり、1984年に臨時教育審議会が発足する頃から、「利益を生むか生まないか」という市場原理の発想で教育の価値を判断する新自由主義が台頭していきました。なお、学習指導要領における目標の変遷については、石田（2007）、江利川（2009）、寺沢（2014）などを参照してください。

こうした流れの中で、財界を中心に英語教育にも「実用的価値」だけが要求されるようになり、1990年代からは実用的な英語力の指標として英検、TOEFL、TOEICなどの外部検定試験の活用が推奨されるようになりました。「大学入試・卒業要件にTOEFL等」を提唱した教育再生実行本部の遠藤利明本部長は、「今までの日本の英語は教養英語だった。それを実用英語に変えたい」と述べています（BS日テレ「深層NEWS」2014年1月17日）。

しかし、たとえば「日本人選手がオリンピックでメダルが少ないのは学校の体育が悪いからだ、世界で勝てる実用的な体育授業を行え」などと言うでしょうか。学校教育は、すぐに役立つ実用的な技能を教える場ではありません。子どもたちが将来どんな分野に進み、いかなる能力を開花させるのかは誰にもわからないからです。その意味で、公教育において外国語教育を

全員に実施するのは、1人ひとりの可能性を伸ばすためなのであり、その目的は本質的に「人格の完成」のための教養主義を含んでいます。

そうした根本的な問題を英語教師たちは自らに問いかけ、独自の「外国語教育の四目的」を確立していきました。

● 「外国語教育の四目的」

戦前のエリート教育だった英語教育は、敗戦を経て、事実上全員が学ぶ国民教育へと変貌しました。当然、学力や学習意欲が著しく多様化しました。英語を将来使う可能性の低い子どもたちが多い中で、教師たちは「何のために英語を教えるのか」、「技能を伸ばすだけでよいならば、街の英会話学校とどう違うのか」といった根本問題に苦悩しながら、国民教育としての英語教育の目的論を深めていきました。

1959年の日本教職員組合（日教組）教育研究集会外国語教育分科会では、機械的な模倣と反復による習慣形成で英語が身に付くとするオーラル・アプローチに対して、「技術だけが関心事になっているが、何のために、を考えるべきである」（兵庫）として、目的論の確立を訴える意見が出されました。こうして英語教師たちは議論を重ね、1962年に最初の「外国語教育の四目的」を確立しました。当時の日教組には教員の9割近くが加入していましたから、英語教員の総意を反映した目的論だったと言えるでしょう。その後、理論と実践による検証を経て1970年と2001年に改定され、現在に引き継がれています。日教組が分裂して1991年に全日本教職員組合（全教）が結成された後も、組合の枠を超えた統一の目的論となっていま

す。

> 【外国語教育の四目的】（2001年改定版）
> 1 外国語の学習をとおして、世界平和、民族共生、民主主義、人権擁護、環境保護のために、世界の人びととの理解、交流、連帯を進める。
> 2 労働と生活を基礎として、外国語の学習で養うことができる思考や感性を育てる。
> 3 外国語と日本語とを比較して、日本語への認識を深める。
> 4 以上をふまえながら、外国語を使う能力の基礎を養う。

「外国語教育の四目的」は、決して一部の偏った人たちが作ったものではありません。目的を定めた教育基本法（1947）が定めた「教育は、人格の完成をめざし、平和的な国家及び社会の形成者として、真理と正義を愛し、個人の価値をたつとび、勤労と責任を重んじ、自主的精神に充ちた心身ともに健康な国民の育成を期して行われなければならない」との理念を正統に継承・発展させるものでした。文部省も1951年の学習指導要領外国語科英語編〔試案〕で、教科書の選択にあたっては「民主的な生活様式を発達させ、国際的観念と平和愛好心とを養うのに役だつこと」といった「教養的要素」を考慮するよう求めていました。

さらに「外国語教育の四目的」は、人類の普遍的な理念というべき「世界人権宣言」（1948）や、ユネスコの「中等学校の現代外国語教育に関する各国文部省への勧告59号」（1965）などにも合致していました（英語原文は新英語教育講座編集委員会1988）。

> **世界人権宣言（1948）第26条第2項**
> 教育は、人格の完全な発展並びに人権及び基本的自由の尊重の強化を目的としなければならない。教育は、すべての国又は人種的若しくは宗教的集団の相互間の理解、寛容及び友好関係を増進し、かつ、平和の維持のため、国際連合の活動を促進するものでなければならない。

　この世界人権宣言の「教育」を「外国語教育」に置き換えれば、そのまま今日の世界が求める「グローバルな視野を持った人間」の定義となるのではないでしょうか。
　続くユネスコ勧告では、現代外国語教育の目的が一段と鮮明になりました。

> **現代外国語教育に関するユネスコ勧告（1965）**
> ［8］現代外国語教育の目的〔aims〕は、教育的であると同時に実用的である。現代外国語学習のもたらす知的訓練は、その外国語の実用的使用を犠牲にしてなされるべきではない。他方、その実用的運用がその外国語の言語的特徴を十分に学習することを妨げてもならない。
> ［9］現代外国語教育はそれ自体が目的〔an end〕ではなく、その文化的および人間的側面によって学習者の精神と人格を鍛錬し、よりよい国際理解と、民族間の平和的で友好的な協力関係の確立に貢献すべきである。

　勧告の［8］で注目されるのは、外国語教育の目的には「教育的目的」と「実用的目的」の2つがあり、両者は密接不可分であることを明らかにした点です。こうした目的論の二重性に

ついては、前述のように半世紀以上も前に岡倉由三郎が明らかにしています。それを易しく言い換えれば、学校で行う外国語教育は、将来その外国語を「使う人」にとっても、すぐには「使わない人」にとっても意義があるものだということです。勧告の［9］が述べているように、仮に実用レベルに達しなくても、外国語教育は「文化的および人間的側面によって学習者の精神と人格を鍛錬し、よりよい国際理解と、民族間の平和的で友好的な協力関係の確立に貢献すべき」なのです。ここでは、今日のEUにおける複言語主義・複文化主義に通じる思想が先駆的に述べられています。

　にもかかわらず、経済効率ばかりを優先する日本の財界人や政治家たちは、「英語が使える人材育成」という実用的目的のみを一面的に要求することで、学校教育の本質的な目的を歪めています。スキルの習得だけを目的にするならば、仕事で英語を必要としない大多数は切り捨ての対象となります。スキル主義はエリート主義を招くのです。現に、到達レベルを英検・TOEFLなどのスコアやCAN-DOリストによって明示することで、英語は差別・選別が最も可視化される教科になりつつあります。その点では、習熟度別授業も危険です。

　公教育としての外国語教育はスキルを磨くことだけにとどまらず、そのスキルを何のために使うのかまでも考えさせなければなりません。そうでなければ、外国語は戦争や収奪のためにも使われるからです。ですから、第二次世界大戦の厳しい反省の上に立って、教育基本法も世界人権宣言もユネスコ勧告も、教育の根源的な目的を問い直したのでした。それに呼応して、日本の英語教師たちも「外国語教育の四目的」で「外国語の学

習をとおして、世界平和、民族共生、民主主義、人権擁護、環境保護のために、世界の人びととの理解、交流、連帯を進める」ことを宣言したのです。

ところが、こうした理念とは正反対に、安倍内閣の「第2期教育振興基本計画」では「世界と戦う」ことを目的に設定しています。「世界で戦える『リサーチ・ユニバーシティ』を10年後に倍増」（55頁）。「世界で戦える研究力を有する大学等が一定数厚みを持って存在」（57頁）。「高校段階から世界で戦えるグローバル・リーダーを育てる」（59頁）。まるで戦時下のようです。

経済のグローバル化によって、過酷な競争に勝ち残らなければならないという焦りもわかります。しかし、公教育は企業の研修所ではありません。グローバル人材のための英語教育と、学校で全員に課す英語科教育とは区別する必要があります。学校には将来英語を使う子も使わない子も、英語が好きな子も嫌いな子もいます。多様な個性と多様な目的を持った子どもたちが、試行錯誤を重ねながら人格を完成させていく場なのです。そうした子どもたちを1人も見捨てずに育てていくために、教師たちは日々奮闘しているのです。

そのような「国民教育」の観点から生まれたのが、第2目的の「労働と生活を基礎として、外国語の学習で養うことができる思考や感性を育てる」です。外国語学習による言語能力の発達こそが、思考力と感性の幅と奥行きを広げ、人間性を豊かにするのです。

こうした言語能力を発達させるためには、第3目的の「外国語と日本語とを比較して、日本語への認識を深める」ことが欠

かせません。人間は母語で思考します。外国語との格闘を通じて母語（日本語）を再認識し鍛錬することで、言語感覚と知性が磨かれ、権力やメディアのウソにだまされない主権者を育成することができます。ここにこそ、外国語を将来使う必要のない子どもであっても外国語を学ぶ意義があるのです。

こうして鍛えられた豊かな母語能力こそが、第4目的の「外国語を使う能力の基礎を養う」ために効果的に作用し、正の連鎖を生みます。「授業は英語で行う」とする政策は、そうした母語能力の鍛錬を阻害する危険性があるのです（江利川2013）。

学校教育は企業研修ではない

学校は企業の下請けではありません。学校教育と企業内研修とでは目的が異なります。学校教育の目的は、教育基本法が定めるように、「人格の完成を目指し、平和で民主的な国家及び社会の形成者」を育成することです。ですから、学校における外国語教育の目的は、仮にすぐ実用レベルに達しなくても、世界の人々と平和的に共存するために、外国語学習を通じて思考や感性を育て、母語を含む言葉や文化の多様さと面白さを気づかせ、必要なときに自分で対応できる自律学習者を育てることなのです。

ところが現在の英語教育政策は、この学校英語教育の本来の目的を忘れ、実利的で技術的な「使える英語」や「グローバル人材育成」を学校教育に性急に求めています。そのために、小学校では英語の早期導入と教科化で早くから英語格差を発生さ

せ、中学校では英語による授業を強いることで格差を拡大し、高校では英検2級～準1級以上という過大な目標設定と「スーパーグローバルハイスクール」でエリートを抽出し、大学では入試や卒業要件にTOEFL等を課すことで、せいぜい1割ほどの「グローバル人材」を経済界に供給しようとしています。

しかし、現在のような政策では、真のグローバル人材は育ちません。世界の様々な民族と共生するには、多様な言語や文化への理解と寛容さこそが必要です。そのために、英語一辺倒主義を改めて多様な言語と文化を学ぶ機会を保障し、外部検定試験を目標とするスキル主義ではなく、内容豊かで人間性あふれる教材を協同的に学び合う方向へと転換すべきです。

また、外国語の学習を通じて母語である日本語力を高めるという側面はとても大切です。ですから「授業は英語で行うこと」を強いたり、和訳を禁じるべきではありません。

日本の外国語教育政策をどう改めるかについては、『迫り来る破綻』(24–27頁)で7項目にわたり提案しましたので、2点に絞って指摘します。

第1に、学習指導要領の改定などの教育政策を実施した結果、どのような成果や課題が浮かび上がったのかについての客観的な事実証拠を公開し、それに基づいて次の教育政策を立案すべきです。そうした当たり前のことが日本ではほとんどなされていません。しばしば専門家不在のまま、科学的で客観的な理論や事実証拠に基づかずに「英語がしゃべれないのは文法と訳読を重視しすぎるせい」、「授業を英語で行い、開始年齢を早めれば英語がしゃべれるようになる」といった狭い体験に基づく思い込みから「政策」が立案されています。こうした妄想が

暴走した結果、高校入学時の英語学力は14年間に、偏差値換算で7.4も下落しているという検証結果が出ているのです（前述、斉田2014）。だれが、どう責任をとるのでしょうか。個人にとっても社会にとっても、これは大変な損失です。英語を苦手とする子どもたちへの支援策も早急に具体化することで、英語学力の深刻な低下と英語嫌いをくい止め、全体の底上げを図っていかなければなりません。

　第2に、政策内容は予算的な裏付けを伴って提出すべきです。たとえば、政府は小学校の英語を早期化・教科化したいと言っていますが、そのためには文科省の試算でも約14万4千人もの担任に研修を実施しなければなりません。また、教科化を実施するには8,000億円もの予算が必要だとする試算もあります（佐藤ほか2014: 45）。しかし、これほど膨大な予算増を財務省が認めるはずがありません。35人学級化ですら小学2年生でストップさせたのですから。実際に2014年度予算をみると、「グローバル人材育成のための取組み」のために財務省が認めた総額はたったの16億円です。全国には2万を超す小学校がありますが、英語教科化への対応として認めた教員増はたったの94人です。これでどうやって小学校英語の早期化・教科化ができるのでしょうか。

　そもそも、誰のための、何のための英語教育改革なのでしょうか。いま必要なことは、その根本に立ち返って学校における外国語教育の目的論を再認識し、それに基づいた政策立案と成果の検証を行い、国民教育の視点に立って全員を伸ばす協同的な外国語授業づくりを行うことなのです。

参考文献

ベネッセ教育研究開発センター（2009）『第 1 回中学校英語に関する基本調査［生徒調査］・速報版』ベネッセ教育研究開発センター（2014 年 1 月 5 日検索）http://berd.benesse.jp/berd/center/open/report/chu_eigo/seito_soku/

中央教育審議会（2013）「第 2 期教育振興基本計画について（答申）」（2014 年 4 月 10 日検索）http://www.mext.go.jp/b_menu/shingi/chukyo/chukyo0/toushin/1334377.htm

Cook, G.（2010）*Translation in Language Teaching: An Argument for Reassessment*, Oxford University Press.（ガイ・クック著、斎藤兆史・北和丈訳（2012）『英語教育と「訳」の効用』研究社）

江利川春雄（2009）『日本人は英語をどう学んできたか——英語教育の社会文化史』研究社

江利川春雄編著（2012）『協同学習を取り入れた英語授業のすすめ』大修館書店

江利川春雄（2013）「日本の英語教育がずっと大事にしてきたこと」『新英語教育』2 月号（522）pp.7–9．三友社出版

石田知英（2007）「指導要領の変遷から見る学校英語教育の目的論の展開」『中国地区英語教育学会研究紀要』第 37 号 pp.91–100.

小松達也（2012）『英語で話すヒント（岩波新書）』岩波書店

小泉又一・乙竹岩造共編（1910）『改正小学校各教科教授法　訂正 7 版』大日本図書

国際交流基金（2012）「国際交流基金と国際観光振興機構の統合あるいは連携強化のあり方に関する検討会議　国際交流基金説明資料」（2013 年 9 月 10 日検索）www.mlit.go.jp/common/000208376.pdf

Kubota, R.（2013）'Language is only a tool': Japanese expatriates working in China and implications for language teaching. *Multilingual Education*. 3: 4.

久保田竜子（2014）「オリンピックと英語教育―反グローバル的改革」『週刊金曜日』1月17日号 p.63. 金曜日

教育再生実行本部（2013）「成長戦略に資するグローバル人材育成部会提言」（2013年5月10日検索）http://www.kantei.go.jp/jp/singi/kyouikusaisei/dai6/siryou5.pdf

望月麻紀（2014）「強大な英語圏の経済力　追う中国語、アラビア語」『週刊エコノミスト』1月14日号（7324）pp.20–23. 毎日新聞社

文部科学省（2013a）「第2期教育振興基本計画」（2013年6月20日検索）http://www.mext.go.jp/a_menu/keikaku/detail/1336379.htm

文部科学省（2013b）「グローバル化に対応した英語教育改革実施計画」（2013年12月15日検索）http://www.mext.go.jp/b_menu/houdou/25/12/1342458.htm

岡倉由三郎（1911）『英語教育』博文館

岡倉由三郎談（1916）「英語大家歴訪録〔10〕」『英語の日本』9巻4号 pp.114–116. 建文館

岡倉由三郎（1936）『英語教育の目的と価値』研究社〔福原麟太郎代筆〕

大村喜吉・高梨健吉・出来成訓編（1980）『英語教育史資料1 英語教育課程の変遷』東京法令出版

大谷泰照（2012）『時評　日本の異言語教育―歴史の教訓に学ぶ』英宝社

大藪順子（2014）「国際化、前進か後退か―浦島花子が見た日本」*The Huffington Post* 日本版2月28日号（2014年2月29日検

索）http://www.huffingtonpost.jp/nobuko-oyabu/urashima-hanako-internationalization_b_4873349.html

斉田智里（2014）『英語学力の経年変化に関する研究―項目応答理論を用いた事後的等化法による共通尺度化』風間書房

佐藤学・大内裕和・斎藤貴男（2014）「『教育再生』の再生のために」『現代思想』4（第42巻第6号）pp.28–50．青土社

新英語教育講座編集委員会（1988）『新英語教育講座20 資料・総目次・索引』三友社出版

寺沢拓敬（2014）『「なんで英語やるの？」の戦後史―《国民教育》としての英語、その伝統の成立過程』研究社

柳沢民雄（2012）「1960年代の日本における外国語教育運動と外国語教育の四目的」一橋大学大学院社会学研究科修士論文

安河内哲也（2014）「韓国の『英語教育大改革』、失敗か？　英語をめぐる韓国のドタバタ劇」東洋経済ONLINE、1月23日号（2014年1月24日検索）http://toyokeizai.net/articles/-/27934?page=2

英語学習・教育の目的

斎藤兆史

「英語が話せない」という根深い不満

　日本における英語学習の起源をフェートン号事件翌年の幕命[1]に置くとすれば、日本人は200年以上も英語とつき合っています。大正後期には、イギリス人音声学者Harold E. Palmerの尽力もあって、世界に先駆けて外国語としての英語の教授法が本格的に研究されるようになりました[2]。しかしながら、日本の英語受容史をひもといてみれば明らかなとおり、英語教育の裾野が広がった明治後期以来、日本人は長年英語を習うのにさっぱりそれを使いこなすことができない、教え方が悪いせいだ、このやり方がいい、いやこっちだ、と同じような議論を100年以上も繰り返しています。とくに「英語が話せない」ことに関する不満は、まるで台風の目のようにつねに日本の英語教育問題の中心にあり、その回りに百家争鳴の暴風雨を巻き起こして健全な英語教育論をもなぎ倒してきました。
　日本人が英語の会話を苦手とする原因については、いろいろな指摘がなされてきました。日本語と英語が構造的にかけ離れ

ている、英語の授業が文法・読解偏重である、英語を使う機会が少ない、日本人は言語コミュニケーションが苦手である、などなど。私はいずれの指摘ももっともだと思います。おそらくは、程度の差こそあれ、指摘されているような状況が複雑に絡み合っているため、日本人はなかなか思うように英語が話せないのでしょう。そのような状況のなかでも深刻な問題は何か、改善の余地があるとすればどこか、と冷静に分析する必要があるのですが、どうも日本人は英語となると冷静でいられなくなるようです。特定の学問分野で一流と言われる人のなかにも、こと英語となると冷静な現状分析をせずに学校教育を責める人が少なくありません。たとえば、経済学者の浜田宏一氏は次のように述べています。

　　日本の外国語教育は、世界から知識を吸収するためでした。両親は英語教師でしたし、中学から東大まで八年間一生懸命英語を習ったのに、私は一言も英語をしゃべれませんでした。香港から来て経済学部の私の（勿論日本語の）ゼミに黙々と長年（忍耐がいったと思います）参加してくれた関志雄氏の言うように、「日本人が英語を話せないのは英語の先生が英語を話せないから」なのです。[3]

誤解のないように申し上げておけば、浜田氏は東京大学とイェール大から名誉教授の称号を与えられた立派な経済学者です。文句なしの国際人であり、日本が育てようとしているグローバル人材の手本であろうと思います。東京大学の卒業後、そのまま大学院に進学、修士を終えてすぐにフルブライト奨学

生として渡米、数年のうちにイェール大学の修士号と博士号を取得しています。「八年間一生懸命英語を習ったのに……一言も英語をしゃべれ」なかったはずの氏が、どうしてその数年後に渡米してすぐれた学問業績を上げることができたのでしょうか。おそらく会話における学問的な意思の疎通も問題なく図れていたはずです。それはすべて自分の努力の賜物だとおっしゃるのでしょうか。しかし、学校教育が終わった段階で話せなかったのは教師が悪いからだ、と。

　あとでまた詳しく述べるとおり、40年以上におよぶ私自身の英語学習・教育経験、そして日本の英語教育に関する事例研究から概論すると、日本語と英語との言語的な距離をはじめ、日本人の英語学習に関する宿命的な要件ゆえに、日本人は比較的短時間で英文法を覚え、英語が読めるようになりますが、英語による会話はなかなか上達しません。文法と読解に割いた時間をそのまま口頭でのコミュニケーションに当てればそれ相当の会話力が身につくかというと、残念ながらそういう伸びを見せないのです。もしも日本の英語教育が完全に実用コミュニケーション中心に移行してしまった場合、浜田氏のように外国に行ってすぐに通用するような人材は育成できなくなってしまうのではないかと私は心配しています。

飽くなき「英会話」信仰と英語をめぐる愛憎劇

　それにしても、なぜ日本人はここまで学校で習う英語に不満を持ち、英語という教科に関してのみ理不尽な要求を繰り返すのでしょうか。同じ教科でも、音楽について文句を言う人はい

ません。英語に関する要求を音楽に置き換えるなら、小学校から音楽を習っているのに自分が音痴で、カラオケに行くたびに恥をかくのは学校での音楽教育が間違っているためである、楽典を教えたりクラシックを聴かせたりするのはやめて、もっと実践的な歌唱力の養成に力を入れるべきである、客観的な評価の指標を取り入れ、学校教育が終わった段階で全員がカラオケ採点機で80点以上取れるようにせよ、と言っているも同然ですが、誰もそういうことは言いません。どうして英語に関しては冷静な判断ができなくなるのでしょうか。

　1つには、当然ながら英語の汎用性があります。「国際語としての英語」という理念の裏にさまざまな恨みつらみや思惑が渦巻いていることは、大津ほか著『英語教育、迫り来る破綻』(ひつじ書房、2013年；以下『迫り来る破綻』)所収の拙稿で論じたとおりですが、英語がその高い汎用性ゆえに国際共通語としての地位を獲得していることは万人が認めるところでしょう。あとの目的論にも絡みますが、まさにその汎用性のゆえにこそ、好むと好まざるとにかかわらず、日本の外国語教育の中心に英語教育が存在しているのです。しかしながら、どうもそれだけではない。どこかに英語に対する盲目的な憧れ、とくに「英会話」に対する信仰があるように思われます。

　英語ほどではないにせよ、中国語やスペイン語も汎用性の高い言語です。しかしながら、それらを流暢に話せるからといって、それを羨望のまなざしで見る日本人はそれほど多くないのではないでしょうか。むしろ、あの人は中国語が得意なんだ、スペイン語がしゃべれるんだ、だったら今度の交渉は任せよう、といった具合に、むしろ冷静にその語学力を評価できるよ

うな気がします。ところが英語となると急に目の色が変わります。帰国子女が流暢に英語を話していたりすると、羨望と不快の入り交じった気持ちになる日本人も少なくないように思われます。金持ちを羨みながら憎む心理と同じカラクリです。

「愛の反対は憎しみではなくて無関心である」というような命題で表現されることもありますが、愛と憎しみは源を一にしている場合が少なくありません。好きな人が振り向いてくれなければ途端に憎たらしくなるのと同じです。ただし、相手が人間の場合は憎むことができますが、憧れても身に付かない英語そのものを恨んでも仕方がない。だから、多くの場合、その恨みつらみが学校での英語教育や教師に対する怒りに形を変えるのでしょう。これだけ憧れているのに英語が身につかないのは学校が悪い、教師が悪い、と。「英語などたかだかツールとして使えばいい」と、妙に英語を軽んじたり、蔑視するかのような言い方をするのも、英語への憧れの裏返しです。ただ憧れているだけでも、「ただのツールだ」と割り切ろうとしても、英語はなかなか身につきません。

日本における英語愛憎劇の裏には、江戸後期以来日本人のなかに連綿と受け継がれてきた英米崇拝があると私は考えています。冒頭で触れたフェートン号事件では産業革命を成し遂げたイギリスの軍艦の威力に驚き、ペリー来航時には黒船の迫力に圧倒されました。薩英戦争でもイギリスの軍事力を思い知らされ、外交に関する180度の方向転換を迫られます。明治初期には、英米は近代国家建設のためのお手本です。そして明治中期以降、日本人が国力の充実を意識して自信をつけ、大正時代、いくら時間をかけても身に付かない英語の勉強などやめて

しまえ、と息巻いた[4]のも束の間、第二次世界大戦での敗戦を受け、やはり英米にはどうしても敵わないとの認識を植え付けられてしまったのではないでしょうか。1990年代には、英語の支配的地位を問題にする「反英語帝国主義論」が日本でも高まりを見せましたが、現在では、上記のような理屈にならぬ英語への憧れと、『迫り来る破綻』所収の拙稿で論じたような短絡的な「国際英語」論との相乗効果で、英語ができなければ「グローバル時代」を生き抜くことはできない、との焦燥に満ちた認識が広まっています。

興味深いことに、いまの10代から30代の若い人たちは、英米崇拝の遺伝子情報が薄れているためか、その前の世代の人たちほど強く英米に憧れてはいないようです。本書所収の鳥飼氏の論考からも明らかなとおり、なぜ英語を勉強しなくてはいけないのかと疑問に思っている若者も少なくありません。逆に、そのような若者を見て、やれ内向きだ、英語の重要性が分かっていない、と嘆く人の多くは英米信仰の強い世代のようです。少し遡れば、2000年に英語第二公用語論を唱えたジャーナリストも、小学校英語必修化の旗ふり役を演じ、授業をすべて英語で行なう大学を作った社会学者も、戦中・戦前の生まれです。社会的発言力を持つ英語崇拝者が、自らの思い込みに基づいて「抜本的」と称する英語教育改革を提言・実施するのはとても危険なことです。

私は、英語教師として1人でも多くの日本人に高度な英語力を身につけてもらいたいと思っていますが、だからこそ、若い人たちが冷静に英語と向き合う前に盲目的英語信仰に基づく愚策が実行に移されることだけは食い止めたいと思っています。

英語「学習」の目的

　昭和後期より、それまでの英語教育を「教養主義的」と見なし、それに対するアンチテーゼとして「実用的」な英語、「役に立つ」英語を教えるべきであるとする考え方が広まりました。1985（昭和60）年、私は医薬理系私大の「一般教養」科の英語教師になりましたが、「役に立つ」英語を教えよとの要求に頭を悩ませることになりました。専門の先生方とさんざん英語教育改革の議論をしましたが、同じ「役に立つ」でも、先生によって言うことが違う。ある理学部の先生は「学生にはこのくらいの論文を読めるようにしてほしい」と言うし、別の先生は「日本の英語教育を受けても、学会のパーティで会話ひとつできなくて困る」とこぼす。要するに、人によって「役に立つ」英語のイメージが違うので、とても万人が満足するような教育は無理なのです。次節で論じるとおり、英語教師としては、ひと通り英語の基礎を教えて、あとは自分の努力によってそれを「役立てて」もらうしかありません。

　したがって、英語学習の目的は何か、と聞かれたら、私は「人それぞれ」と答えます。明日学校で試験があるから、その試験でいい点を取るために英語を勉強する生徒もいるでしょう。受験に必要だから仕方なく勉強する人もいるでしょう。あるいは、通訳者や翻訳者になりたい、英語圏に留学したい、英語の研究者になりたい、だから英語を勉強する、といった具合です。フェートン号事件の翌年に英語を修めよとの幕命を受けた通詞たちの英語学習の目的は幕府への奉仕であり、国防でした。とはいえ、まったく未知の言語の学習を始めてたった2年

で英語の手引書を完成させるのですから、その使命感たるや敬服に値します。あるいは、とくにこれといった目的もなく、しかし熱心に英語を勉強する場合もあるでしょう。英語そのものが面白くなり、寝食を忘れて勉強をするというような場合がこれです。英語学習の動機としては、最も純粋なものかもしれません。

　このように、個人の英語学習の目的を画一的に論じることもできなければ、すべきでもありません。人はそれぞれの目的のために、あるいは目的もなく英語を勉強します。それぞれの目的のために、あるいは目的もなく英語を勉強し・な・い・人も少なくないでしょう。そして、学校教育において英語に接する時間が１日平均１時間以下である状況を考えると、この自主的な英語学習（あるいは不学）が個人の英語力を決定づけると言って、まず間違いありません。現在よりもはるかに学校教育における英語の授業時間数が多かった明治末年ですら、英語教育の大家・岡倉由三郎は「英語は英語の教授時間以外に、之を学ぶ得る機会が殆ど無くなつた時代には、此点［語彙力］に対して遜色あるは止むを得ぬことである」から「之を補ふ為には、自・宅・自・修・を多く遣らせる外、名案の無いことゝ為る」と論じています（『英語教育』、1911年）。そして、日本の英語教育・学習に関する史料と私の教育経験を照らし合わせてみると、英語がとくに好きでもなく、自主的な学習の意欲もない日本人英語学習者が高度な英語力を身につけることはまずあり得ないと断言してもいいでしょう。いくらグローバル化の「時代」だと言ってみても、明治・大正・昭和の時代と同様、結果的に高度な英語力を身につける人、仕事や学業で英語を使わなくてはならない

人の数は限られています。そうなると、問題は学校における英語教育は何をすればいいのか、ということです。

英語「教育」の目的

　法令上、教育の「目的」という言葉は、江利川春雄氏が指摘するとおり「教育基本法」において用いられ、教科に特化した学習指導要領は、外国語科が目指すところを「目標」という言葉で表現しています。現行の中学・高校の学習指導要領における外国語科の「目標」は、「外国語を通じて、言語や文化に対する理解を深め、積極的にコミュニケーションを図ろうとする態度の育成を図り」までが共通で、そのあとはそれぞれ「聞くこと、話すこと、読むこと、書くことなどのコミュニケーション能力の基礎を養う」、「情報や考えなどを的確に理解したり適切に伝えたりするコミュニケーション能力を養う」となっています[5]。せっかく冒頭で「言語や文化に対する理解を深め」ることの重要性を謳っているのに、英語関連科目の内容に関する部分には「コミュニケーション」の文字が執拗に繰り返され、教養の香りはまったく感じられません。冒頭部の目標を達成するために本来欠くことができない文学教材が教育現場からほとんど消えてしまっているのは、まことに残念なことです。

　英語「学習」の目的が人それぞれであることは前節で述べたとおりです。それでは、学校、とくに中学・高校における英語「教育」の目的はいかなるものでしょうか。私は現在の日本の中等学校における英語教育の目的を、学習者個々人がそれぞれの動機に基づいてのちのち必要な英語力を積み上げるための基

礎を授けること、と考えます。「基礎」として生徒が身につけるべきものとは何かと問われれば、現在の教育制度においては、それは一通りの学校英文法、英文読解法、標準的な発音、そして書き言葉と話し言葉双方における簡単な英語の運用法と答えます。「運用法」は本来の意味での「コミュニケーション」の仕方と言い換えられますが、とりあえずここでは、現代日本の英語教育のなかであまりに多くの意味合いを付与されてしまった「コミュニケーション」という語[6]の使用を避けておきます。

　「現在の教育制度において」との条件には、それなりの意味があります。もしも1クラスの人数が10人程度で、英語の授業時間数が20時間くらいあり、その半分くらいをネイティヴスピーカーの教員が受け持つ、というようなカリキュラムの下であれば、私も違った教育法を提案します。しかしながら、週にたった4、5時間程度の英語の授業をおもに日本人教員が受け持つ教育体制の下でできることは限られています。そこでの教育・学習効率を考えた場合、まずは規則を明示的に教えなければどうにもなりません。よく発音記号や文法規則を教えたのでは生徒が英語嫌いになる、とても授業について来ない、と主張する英語教育関係者がいますが、基本的な規則を覚えることすら嫌がっているようでは、どのみち英語など習得できるはずがありません。無味乾燥な規則でも騙し騙し教えるのが教師の仕事で、英語嫌いを作ることを厭うがあまり、本来生徒が身につけるべきものすら教えないのは無責任です。

　そして、歴史的考察も踏まえた経験則から言うと、どういうわけか日本では文法・読解を中心に教育したほうが効率がよ

い。これだけみんな会話に憧れるのだから、いっそ会話の練習だけをすればよさそうですが、それではなかなかうまく行かないのです。逆に、読解能力のほうは比較的短期間でそれなりの伸びを見せます。英文の手本として文学教材が用いられていた時代、高校レベルになると、検定教科書にも英文学の原作が載っていました。たとえば、戦後、一世を風靡した中学用検定教科書 *Jack and Betty*（開隆堂）の高校版たる *High School English: Step by Step*（1948）の UNIT II の 3 には、Charles Dickens の名作 *David Copperfield*（1849–50）の一節が載っていますが、中学・高校の 6 年間の英語教育の中で母語話者にすら難しいディケンズの原文が読める（あるいは読めることが求められる）レベルに達するというのは、考えてみればすごいことではないでしょうか。では、同じ時間をすべて会話の指導に当てれば母語話者なみの会話力が身に付くかというと、どうしてもそうならないのだから仕方がありません。それならば、まずは文法・読解の指導を中心に行ない、音声的な側面については必要最低限の聴き取り能力と会話力の育成をする、と割り切ったほうが理に適っているように思われます。

　もちろん、教養などは無視していいから、とにかく器用に英語が話したいというなら、その欲求を満足させるカリキュラムを作ることは不可能ではありません。しかしながら、そんなことをすれば、束になってかかっても一握りのエリート母語話者にまとめて言い負かされる日本人を大量生産するだけです。

目的達成のために必要なこと

　では、「学習者個々人がそれぞれの動機に基づいてのちのち必要な英語力を積み上げるための基礎を授ける」教育を実現するための方策とは何でしょうか。それは、地道な制度改革、教育改善以外にはありません。

　日本の英語教育の非効率を嘆く人の中に、英語の専門家でない人が多く見受けられます。そのような人が政治的な発言力や影響力を持つと、ときとして的外れな英語教育改革を提言することがあります。昭和の後期から「使える英語」を求める経済界の要求が英語教育を混乱させてきたことは、『迫り来る破綻』の中でも何度も論じられています。たとえば、2002、03年の文科省による「『英語が使える日本人』の育成のための戦略構想／行動計画」は、2000年の経団連による「グローバル時代の人材育成について」の提言の引き写しも同然ですが[7]、その「戦略構想／行動計画」によってセンター入試にリスニングが導入されたことで、あるいはスーパーイングリッシュランゲージハイスクール（SELHi）が指定されたことで、さらには小学校の英会話活動が始まったことで、はたして「英語が使える日本人」は飛躍的に増えたのでしょうか。

　英語教育の素人は、どうも何かを「抜本的に」ワッと改革すると日本人の英語力がグッと向上するものだと漠然と考えてしまうようです。しかしながら、教育を専門とする人間は、その改善を考える際、まず個々の生徒の学習がどうなるかを考えます。たとえば、小学校の英会話活動に関し、「行動計画」は「英語に堪能な地域人材の活用」を提案しています。「海外生活

経験等」によって「英語に堪能」な社会人の支援を受ければ指導者不足が一気に解消すると考えたのでしょう。そして、それによって全国の小学生の英会話能力がグッと向上する、と。しかしながら、学習者の視点から見た場合、英語に堪能な地域人材が英会話活動を支援するとは、たとえばユウト君が新学期に小学校に行くと、ニューヨーク帰りのマナちゃんのお母さんが英語活動の指導に来ている、ということです。もちろん、マナちゃんのお母さんではなくて、カナダ人留学生のクリスティーナかもしれないし、かつてアイルランドに留学していたケイタさんかもしれない。あるいは、地元でボランティアの観光ガイドをしているタカギのおじいちゃんかもしれない。中には、とても指導が上手い人もいることはいるでしょう。しかしながら、それでユウト君の英会話能力が飛躍的に育成されるかというと、おそらくそううまくは行かない。「英語の堪能な地域人材」なる何ともあやふやな括りの人たちに子供の英語教育を任せるわけにはいかないのです。

　逆に、英語が苦手な先生のカタカナ英語などを聞かされた日には、子供の語感などはひとたまりもなく狂ってしまいます。いかなる技芸についても言えることですが、手ほどきほど大事なものはありません。寓話風に言えばこういうことです。誰一人としてまともにピアノが弾けない村があったとしましょう。この村の悲願は、ピアノが弾ける子供を育てること。それで、ピアノが弾けない大人が100人よってたかって1人の子供にピアノの弾き方を教え（ようとし）ても、この子はピアノが弾けるようにはなりません。別の村には、とても優れたピアノの先生が1人いて、この先生の指導の元では、100人の子供がピ

英語学習・教育の目的　53

アノの正しい弾き方を学習します。英語教育においても、事情は同じです。英語があまり得意でない大人がいくら一生懸命に教育に取り組んでも、いくら子供が目を輝かせていても、そのような教育において子供が上質の英語を身につけることはなく、結局子供のためにはなりません。

では、学習者が上質の英語を身につけるためにはどうするか。それには、教師から学習者へ上質な英語が伝授されるような仕組みを整えなくてはいけません。学習者が教室で上質の英語を勉強し、それを自分で活用するように仕向けなくてはいけません。いくら受験制度をいじくり回し、英語力の目標数値を定めてみたところで、英語重点校を指定して予算をつけたところで、教室において、そして自宅において個々人の「学習」という地道な活動が起こらないかぎり、日本人の英語力は向上しないのです。

その活動の充実を図るには、まず何と言っても上質の英語を操ることのできる優秀な英語教師をできるだけたくさん作り出す必要があります。教員の数を増やすのも大事ですし、現場の待遇を改善して、英語教師が少しでも英語の勉強のために時間が取れるようにするのも大事です。もちろん、彼らの海外留学・研修を支援するのもいいことです。教員の数が増えるとの前提で言えば、一クラスあたりの生徒数を減らして授業時間数を増やすという手もあります。教材の改良も重要です。現在のところ、検定教科書を生徒に配布したまま結局使わない学校も少なくないと聞きます。使わない教科書のためにお金が使われるのですから何とももったいない話で、教科書の質の向上と検定制度の改善も大きな課題です。また、『迫り来る破綻』でも

述べたことですが、高度な英語力の育成を必要としている人たちの自主学習を支援する教育体制や制度の確立と充実が急務です。以上のような地道な教育・学習改善のためにより多額の文教予算が投入されることを切に要望したいと思います。

注

1　「フェートン号事件」は、1808（文化5）年に起きたイギリス軍艦フェートン号による狼藉事件。この事件に衝撃を受けた幕府は、翌年、和蘭通詞たちに英語の修学を命じた（拙著『英語襲来と日本人』講談社、2001年、22–23ページ；伊村元道『日本の英語教育200年』大修館書店、2003年、4–10ページを参照のこと）。

2　拙著『日本人と英語』（研究社、2007年）、70–80ページなどを参照のこと。

3　浜田宏一「大学の国際化はなぜ必要か？」、『學士會会報』July No. 895, 2012-IV。

4　前掲拙著92–97ページを参照のこと。

5　学習指導要領における英語教育理念の変遷については、前掲伊村（2003）の第6章を参照のこと。

6　北和丈「『英語教育』に見る英語教育観の変遷―『実用』から『コミュニケーション』まで」、『英語教育』、2006年2月号、47–49ページを参照のこと。

7　水野稚「経団連と『英語が使える』日本人」、『英語教育』、2008年4月号、65–67ページを参照のこと。

母語と切り離された外国語教育は失敗する

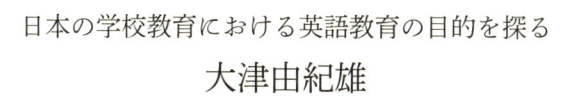

日本の学校教育における英語教育の目的を探る

大津由紀雄

はじめに

　英語教育の恩師である伊藤健三（1917-1995）は、東京教育大学と立教大学における英語科教育法の講義で、「学校英語教育を考える上でもっとも基本的で、重要な問題はその目的（「なんのために学校教育で英語教育を行うか」という問に対する答え）と目標（「目的に照らして、どのような力を、どの程度、育成しようとするのか」という問に対する答え）を明確にすることである」と繰り返し強調されました。さらに、「分けても、英語教育の目的についてきちんと考えることが大切で、目標は目的に照らして決定されるべきものである」と付け加えられました。そのことばを受けて、筆者はそれ以来、ずっと、英語教育の目的について考えてきました。

　英語教育の目的について最初にまとめたものが伊藤の喜寿を祝って刊行された記念論集に寄せた大津（1994）です。その15年後に今度は矢野安剛の古希を祝う記念論集に寄せた大津（2009）を書きました。矢野記念論集へ寄稿した論考を準備し始める前後から小学校英語の問題に深くかかわるようになり、

その問題にもやはり英語教育の目的が深くかかわっていることに気づき、伊藤の慧眼に改めて、感服しました。

英語教育について思索を重ねるうち、外国語教育としての英語教育は母語と切り離して考えるわけにはいかないと強く確信するようになりました。この確信を徹底させれば、英語教育は母語教育と一体化した形での言語教育の一環として行われなければなりません。さらに、後で述べるように、ほんとうの意味で英語の運用能力が必要である日本人の割合が低いことを考えると、英語教育の第一義的目的は英語の運用能力を育成するためという点に求められるべきではなく、母語と同質でありながら、異なった個別性を持つ英語という視点から母語の性質に気づき、母語の効果的運用を可能にする力を育成するためという点にこそ求められるべきです。本論ではその確信の根拠をできるだけ分析的に、しかも、平易に説明したいと思います。

なお、ここまで書いてきたことから明らかと思いますが、この論考で言う「英語教育」とは学校英語教育を指します。それ以外の英語教育（英語学校、予備校、企業などにおける英語教育）の目的については別途考える必要があることは言うまでもありません。

目的論の重要性

母語はそれを身につけないと社会の中で生きていくのがむずかしくなりますし、狭義の第二言語（注9を参照）の場合にも生活に不都合が生じることが多いと言えます。それに対して、外国語として英語を学ぶ場合には英語や英語を使えることへの

あこがれのようなものはあっても、英語を学び損ねると生活に支障をきたすということは通常ありません。なにかを学習しようとするとき、その学習の維持を支える要因として、内発的動機づけが重要な役割を果たします（最近の研究成果の1つとして、Igarashi（2014）があります）が、だれもがそれを持ち続けることができるというわけではありません。

　こう考えたとき、自然に出てくる疑問が「なぜ学校で英語を学ぶのか」という問いです。さらに、「ほんとうに学校で英語を学ぶ必要があるのか」という、さらに根本的な問いがあります。これらの問いにきちんと向き合ってこそ、英語教育のあるべき姿が浮かんでくるのです。

　もちろん、これまでにも英語教育の目的について議論がなかったわけではありません。たとえば、長い間、英語教育界には「教養英語対実用英語」という対立の図式がありました。簡単に言ってしまえば、「教養英語」の立場によれば、英語教育は英語学習によって学習者の教養を高める支援をするためのものであり、英語が使えるようになることを目指すものではないとします。他方、「実用英語」の立場にしたがえば、英語教育は学習者が英語を実用的な場面で使えるようになることを目指すもので、英語が使えるようにならなければ英語教育は失敗したと考えます。容易に想像がつくように、それぞれの立場にもさまざまな変種があります。

　この「教養英語対実用英語」という対立はかなり長い間、世間を賑わせてきましたが、あまり生産的な議論にならないまま、現在では「コミュニケーション」という御旗の下、「実用」を目的とする考えが当然視される風潮になってしまいました。

「教養英語対実用英語」という対立の図式が生産的で（あり得）なかった根本的理由は何を以って「教養」とするか、何を以って「実用」とするかについての実質的議論に欠けていたからと考えられます。

教養英語を唱える人たちの主張に共通するものとして、《学校英語教育の第一義的目的は英語の学習をつうじて教養を高めることにある》という点があります。ただ、「英語の学習」と「教養を高めること」の間にどのようなつながりがあるのか、つまり、前の文で「をつうじて」と表現している部分がなにを意味するのかについて人によってばらつきがあります。英語を学び、英語文献を読むことができるようになることによって、《欧米（ないしは、外国）の文化を摂取することができるようになる》ことに英語教育の第一義的目的があると考える人もいます。一方、英語を学ぶ過程で《分析的に英文と格闘することによって、ことばに対する感性を高める》ことに英語教育の第一義的目的があると考える人もいます。しかし、「欧米（ないしは、外国）の文化を摂取すること」も、「ことばに対する感性を高めること」も十分に「実用」的と言えます。この辺りを実感するためには岡倉（1911）の第5章「英語教授の要旨」をお読みになればよいと思います[1]。

いまお読みいただいている本書の著者たちによる共同著作の第2作目のテーマとして「英語教育の目的」を取り上げることにしたのは、目的論の重要性とその欠如を共有したからです。破綻に向かいつつある英語教育を救うためには、目的論を語ることからはじめなくてはならないと考えたのです。

「日本人の9割に英語はいらない」とすると…

　マイクロソフト株式会社（日本法人）の代表取締役社長であった成毛眞が2011年に『日本人の9割に英語はいらない』（成毛2011）と題する本を出版し、話題を集めました。ただ、その結論を導いた推計方法の妥当性についてはいささか不安を覚えました。幸い、その後、寺沢拓敬（寺沢2012）がきちんとした分析手法で、同じ問題に取り組み、以下の結論を導きました。

> 本稿は、日本社会で英語を仕事で必要とする就労者の割合を、代表性の高い社会調査を分析することで検討した。その結果、「必要性」の定義のとりかたにもよるが、英語を仕事で必要とする人は、就労者全体でおそらく1割程度、幅を持たせて見つもっても数％〜40％程度であることがわかった。　　　　　　　　　　　　　　（寺沢2012: 82）

つまり、英語を仕事で必要とする人は極めて限定的で、この結論を受け入れるならば、少なくとも「学校英語教育政策は、運用能力に特化した目的設定は妥当性に欠ける」（寺沢2012: 82）ことになります。

　「少なくとも」と書いたのは、《そうであれば、学校英語教育は必要ない》という議論も可能だからです。この点に関する筆者の考えは以下のようにまとめることができます。

　（A）英語を仕事で必要とする人が極めて限定的であって

　　　　も、学校英語教育は必要である。
　　（B）学校英語教育の目的は、母語に対する気づきの発達
　　　　を支援し、それによって、母語を効果的に運用でき
　　　　る力を増進させることにある。

　ここで、先に進む前に急いでつけ加えておかなくてはならないことがあります。それは、英語を仕事で必要とする人がきわめて限定的であったとしても、たとえば、就労者全体の1割だったと仮定しても、だれがその1割に入るのかは在学中には決まっていないという点です。実際、多くの子どもたちや保護者たちは将来、自分やわが子が「エリート」という名の、その1割に入ることを願い、英語を学んでいます。したがって、寺沢（2012）の調査結果によって「学校英語教育政策は、運用能力に特化した目的設定は妥当性に欠ける」ことは論じることができても、それで世間を納得させ、「英語狂想曲」を鎮めることはできないでしょう。その点については別の「戦略」が必要となります。
　本筋に戻りましょう。

　　（B）学校英語教育の目的は、母語に対する気づきの発達
　　　　を支援し、それによって、母語を効果的に運用でき
　　　　る力を増進させることにある。

と書きました。この考えは筆者の最近の一貫した主張である「ことばへの気づき」に基いた言語教育とその一環として英語教育という構想（たとえば、大津・窪薗2008や大津2010）

に立脚したものですが、その萌芽は大津（1994）にも見られますし、大津（2009）ではだいぶ現在の考えに近い形になってきています。

　ここで、いま述べた、言語教育の構想の概念図を示しておきます。

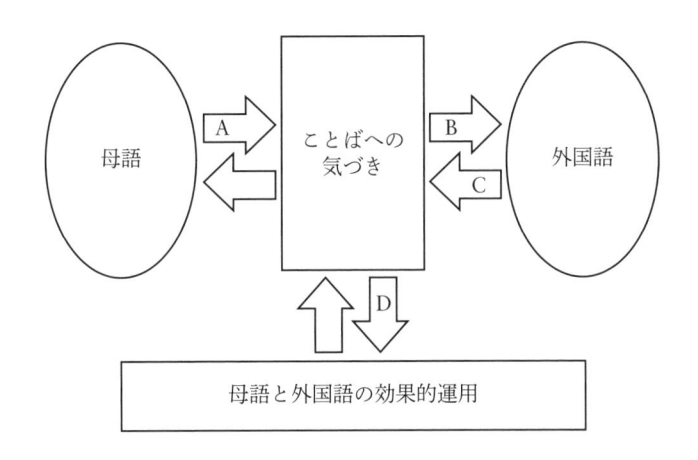

```
    ┌──────┐   A  ┌──────┐   B   ┌──────┐
    │ 母語 │ ⇄   │ことばへの│  ⇄    │外国語│
    │      │      │ 気づき │   C   │      │
    └──────┘      └───┬──┘       └──────┘
                       │ D
                       ↕
              ┌────────────────┐
              │母語と外国語の効果的運用│
              └────────────────┘
```

　さまざまな観察事例（成功事例、失敗事例のいずれも）や実際に教室で子どもたちと触れ合う教師たちとのやりとりから、直感が利く母語を利用して育成されたことばへの気づきが英語学習の成果と関連があること（上の概念図のAとB）には自信を深めていたのですが、この考えをさらに広めるには、その点を直接実証することが早道であると考え、以前の勤務先であった慶應義塾大学の大学院社会学研究科教育学専攻の修士課程に在籍する院生のうち、言語教育に関心を持つ4人の修士論文研究として、この問題についてさまざまな角度から検討する実証プロジェクトを組みました。

母語と切り離された外国語教育は失敗する　63

まず、Nagai（2012）は、母語でのことばへの気づき[2]と英語運用能力の間に相関関係があることを示しました。しかし、この研究では両者のどちらが原因で、どちらが結果なのか、つまり、両者の間の因果関係は明確にされていません[3]。その点を探ったのが Fujita（2013）で、両者の間に因果関係があり、母語で育成されたことばへの気づきがその後の英語運用能力の発達によい影響を与えることを示しました。そして、Igarashi（2014）は、母語で育成されたことばへの気づきとその後の英語運用能力の発達を「動機づけ motivation」という要因が繋ぐことを示しました。さらに、Kodama（2014）は、ことばへの気づきと母語の作文力に相関関係があるという興味深い結論に至りました[4]。以下では、Igarashi（2014）について、少し立ち入って解説します[5]。

　Igarashi（2014）の目的は、ことばへの気づきが外国語の習熟度、動機づけ・学習方略にどのような影響を与えるのかを明らかにすることです。

　従来、外国語学習における動機づけ研究は目標言語の文化・社会的側面に焦点を当てたものが多く、それらのほとんどが言語学的な視点を欠いたものです。たとえば、外国語の持つ文化・社会的側面に対する興味と言語それ自体の仕組みや働きといった側面に対する興味が明確に区別して論じられてきたことはほとんどありません。代わりに、それら2つの興味は「目標言語への興味」として一括りに論じられてきました。

　しかし、ことばの仕組みや働きに対する認知と特定の言語共同体に対する認知は質的に非常に異なります。したがって、これら2つはそれぞれ個別に議論される必要があるのです。事

実、このような言語に対する意識は外国語学習研究で注目を集めています（Lasagabaster 2001 など）。

　ことばへの気づきが外国語習熟度に影響を与えるということはすでに紹介したNagai（2012）やFujita（2013）をはじめ、国内外の先行研究で明らかになっています。しかし、動機づけや学習方略など、他の個人差変数との関係性を含めた複合的視点を持つ研究は見当たりません。そこで、Igarashi（2014）では、外国語学習とことばへの気づきとの関係性について、動機づけや学習方略の要因を含めて再検討するために横断的調査を行いました。

　具体的には、日本語を母語とする英語学習者（高校二年生214名）を調査対象とし、調査参加者には、動機づけ（学習動機・英語力に対する自信）と学習方略に関する質問紙に回答してもらうとともに、ことばへの気づきテスト（あいまい性判断課題と文法関係判断課題）に解答してもらいました。加えて、英語の成績に関するデータ（ベネッセの全国模試の結果）を収集しました。

　学習動機項目を因子分析した結果、実用志向（文化・社会的興味を含む）、言語的興味志向、訓練志向、自尊・関係志向、報酬志向という5因子が抽出されました[6]。報酬志向以外の4つの因子は程度の差こそあれ、いずれも内発的な要素を含んでいる動機です。特に、この因子分析の結果で強調したいのは、目標言語への興味に関して、文化・社会的興味と言語的興味は質的に区別されるという、既述の仮説を支持するものだったという点です。

　では、それぞれの因子と英語の成績との関係はどうだったか

というと次の表に示すようになりました[7]。この結果は、外発的な動機だけでは、高い学習成果を得られないということを示唆しています。なお、数値に幅があるのは、英語の成績の下位項目（リスニング、発音アクセント、文法語法、長文読解、英作文）を検討した結果を反映しているからです。

	実用	言語興味	訓練	自尊・関係	報酬
相関係数	.16〜.23	.14〜.17	.16〜.24	.17〜.35	−.16〜−.15

　次に、従来のメタ言語能力（ことばへの気づき）研究で提案されているモデルと外国語動機づけ研究で提案されているモデルとを組み合わせ、修正したモデルを統計的な手法を用いて検証しました。なお、学習動機については、成績と負の相関関係にあった報酬志向を除く4因子をまとめて分析しました。

　分析の結果、ことばへの気づきと英語力に対する自信との間の相関は有意で（r = .33, p < .01）、ことばへの気づきと学習動機との間の相関は有意傾向でした（r = .15, p < .10）。また、ことばへの気づきが、英語の成績を有意に予測するということが実証され（p < .05）、先行研究を支持する結果となりました。加えて、学習動機・英語力に対する自信とは独立して学習方略の使用を有意に予測するということが明らかになり、言語学習の方略使用においては、動機づけ要因と同様にことばへの気づきも重要な役割を果たしているということが明らかになりました。

　以上の結果から、外国語学習においてことばへの気づきは他の個人差変数と関わり合って重要な役割を果たしているという

ことがわかります。ことばへの気づきが高ければ、言語の仕組みや働きに注意を向ける態度が養われ、そのことにより、外国語の言語的側面に興味を持ち、外国語学習への内発的動機づけのプロセスがはじまるということが予測できます。また、学習開始時に言語的側面への興味がなくとも、ことばへの気づきが高ければ、適切な学習方略を使用でき、知識獲得がスムーズに進むことが予想されます。その結果、期待する学習成果が得られ、自己効力感が高まるとともにポジティブな学習動機が形成されると考えられます。

　以上概観した実証的研究の成果も踏まえた上で、本論の主要テーマである英語教育の目的について考えることにしましょう。63ページに掲げた言語教育の概念図におけるAの過程で直感が利く母語を利用してことばへの気づきが育成されます。つぎに、Bの過程で、ことばへの気づきを利用して英語の知識と運用能力が形成されます。そして、Cの過程で、英語の知識と運用能力という視点を使って、ことばへの気づきをより豊かなものに育てます。さらには、Dの過程で、一段と豊かになったことばへの気づきが母語の効果的運用を可能にするというシナリオです。このCとDの過程を実現するのが学校英語教育の目的ということになります。概念図の一番下での部分は「母語と外国語の効果的運用」となっており、外国語としての英語の運用も射程に入っていますが、もっとも基本的なことは母語の運用です。この点は、すでに寺沢（2012）で見たように、仕事で英語の運用能力を必要とする人はごく一部だということから明らかです。

　　AとBの過程についてはすでにいろいろなところで例を

挙げて説明しましたので、ここではＣとＤについて新たな例を若干挙げて、簡単な説明を加えることに留めたいと思います。

　母語と外国語（英語）はそれぞれ異なった個別性を持っています。発音が違いますし、語彙の体系も違います。また、文法も違います。さらには、運用方法も違います。しかし、それらの違いはあくまで制限された範囲の中でのばらつきに過ぎず、母語も外国語も同質の体系です。日本語と英語を比べることがよくありますが、2つを比べることができるということは2つが同質の体系だからこそできるのです。リンゴとミカンのように果物という同質のものであれば比べられますが、リンゴと言語力のように異質のものは比べられません。母語も外国語も、もっと言ってしまえば、人間が母語として身につけることが可能な言語はすべて共通の基盤（その性質を「普遍性」と呼びます）の上に築かれた同質の体系です。

　そこで、母語を利用して育成されたことばへの気づきを今度は外国語という、母語とは異なった個別性を持ちながらも、母語と同質の体系を持った言語の視点からさらに豊かなものに育てていくことができます。母語と外国語という2つの異なった視点からことばについて思索し、気づきを誘引すると言ってもかまいません。

　その例としていつも挙げるのが制限的修飾表現と非制限的修飾表現の区別です。日本語では、

　　　（1）あたまのよい大学生

のように、「あたまのよい」が非制限的である（現実に照らせば偽）のか、制限的である（現実に照らせば真）であるのかを形の上で区別しません。そこで、修飾表現を使ったり、理解したりするときに、その点に無頓着になってしまうことがよくあり、行き違いの原因になったりします。しかし、英語を学ぶと、関係代名詞節を学ぶ際に、制限的用法と非制限的用法の違いを知ります。

（2）John has two sons who are students.
　　（制限的用法、ジョンには学生である2人以外にも息子がいる可能性がある）
（3）John has two sons, who are students.
　　（非制限的用法、ジョンには学生である2人以外に息子はいない）

この学びによって、日本語にもその意味の違いがあるが、形の上ではその違いに気づきにくくなっていることを知ります。
　さらには、英語でも、

（4）smart students

となると、制限的用法と非制限的用法の違いが中和されてしまうことにも気づき、そうした表現を使ったり、理解したりするときには気をつけなくてはいけないことを知ることができます。
　こうしたことは文法の領域だけに限られた話ではありませ

ん。たとえば、

　　（5）3人の学生
　　（6）three students

のように、英語とは異なり、日本語では複数性を形の上で表示しないことが多いのですが、

　　（7）3人の学生たち（が居酒屋で呑んでいました）

のように「たち」を付すことによって、複数性を形の上でも明示することができます。
　ところが、（7）は必ずしも学生が3人いることを意味しません。たとえば、学生が2人と社会人が1人という場合でも、（7）を使うことができます。この点に気づくには、

　　（8）桃太郎さんたち（は鬼退治に鬼が島へ行きました）

という例を考えればよいでしょう。言うまでもなく、桃太郎さんは1人ですから、（8）は「桃太郎さんとその仲間の犬と猿と雉」という意味で使われています。
　ここまでお読みいただいた読者の中には、よく引き合いに出される文豪ゲーテのWer fremde Sprachen nicht kennt, weiß nichts von seiner eigenen.（外国語を知らない者は自分自身の言語について何も知らない）ということばは外国語の学習がことばへの気づきを媒介にして母語について知り、母語の効果的

桃太郎さんたち？

桃太郎さんたち？

運用に繋がることの重要性を述べたものと理解することができます。

　このようにして母語と同質でありながらも、異なった個別性を持つ外国語としての英語に触れることによって、ことばへの気づきを深め、母語の効果的運用を可能にするというのが学校英語教育の根幹に位置づけられるべき目的なのです。

　このように外国語教育を母語教育の有機的に関連づけて考えてくると、外国語教育の対象を英語に限定することに本質的な意味がないことにお気づきでしょう。英語が対象の中に含まれてもよいが、できるだけ多くの外国語に触れることが大切だということになります。繰り返し述べてきたように、異なった個別性を持つ外国語である英語に触れることによって、ことばへ

の気づきを深め、母語の効果的運用を可能にする考えからすれば、多様な異なり方に触れたほうがことばへの気づきを誘発できる可能性が高まるからです。さらに、そうすることによって、子どもたちが英語という特定の個別言語を特別視するようになることを避けることができます。

　このような試みとして、古石篤子や吉村雅仁らによる「多言語・多文化教育」の試み（吉村・古石2008）や細川英雄らによる「複言語・複文化主義教育」の試み（細川・西山2010）などを挙げることができます。もちろん、このような試みを日本で展開するということになると、きちんとした教材が用意されていなければなりません。幸い、古石・吉村や細川らもそのような教材の作成に取り掛かっていますので、今後の発展が期待できます。

　さて、ここで忘れてはならないのは英語学習の内発的動機づけの保持という点です。大津（2009）で学校英語教育の「副次的目的」とした「外国語を学習し、その運用により、母文化とは同質ながらも異なった文化に触れ、文化の相対性を理解することを支援する」が英語学習の内発的動機づけの保持のために重要な役割を果たします。自分の関係しているものとは異なったものに触れてみたいという好奇心は多くの子どもたちが共有するものですが、母語を含む母文化とは異なった異文化に接することによって、それは異なったものであっても質は同じであることに気づき、文化や言語の相対性を理解することが学校教育にとってとても大切なことであることは言うを俟たないでしょう。

　本論のタイトルは「母語と切り離された外国語教育は失敗す

る」ですが、その意味するところはここまで述べてきたところから明らかであると思います。

母語の効果的運用

　母語は特段の訓練を受けなくても、一応、口頭での運用することができるようになります。文字の使用についてはある程度の訓練が必要なことは言うまでもありませんが、それとて、ひらがなやかたかなについては、一定の触れ合いさえあれば、最低限の読み書きはできるようになります。ということから、残るは漢字の読み書きと語彙の充実だけであると錯覚する向きも多いようです。実際、幼児向けのことばドリルなどの中には、漢字を含めての文字の読み書きと4文字熟語やことわざなどを含めての語彙の練習がすべてというものも少なくありません。

　しかし、母語を効果的に運用するためには、母語の仕組みと働きについてきちんと心得ておくことが必要になります。諸外国ではそのような教育をしっかりと行っていることも少なくありません。たとえば、アメリカではLanguage Arts（言語運用法）の名のもとに小学校段階から体系的な授業が行われています。地域によって具体的な実践の形態は異なりますが、子どもたちの母語を主たる対象に、筆者の言う「ことばへの気づき」を育成するという点では共通しています。同様の試みはヨーロッパでも行われています。三森（2013）、山本（2012）、福田（2007）などを参照してください。

　日本でも、日本語の文法教育は行われていますが、多くの場合、品詞、「主語・述語」を軸とした文構造、修飾関係などに

ついての簡単な説明と例が与えられているだけで、なぜそのようなことを学ぶ必要があるのかを説かれることもないまま（もちろん、「入学試験対策のため」ということは除いてですが）、単に文法用語や分析例を暗記することに終始しています。これでは、子どもたちが母語をはじめ、ことばに対する関心を持つようになるはずはありません。「文法嫌い」が多く生まれても不思議はありません。

　母語の効果的運用のために、これだけは気づきを欠かすことができないことがいくつかあります。そのいくつかを挙げておきましょう。

　　（あ）あいまい性とその除去
　　（い）文構造の把握
　　（う）修飾関係の把握、および、修飾表現と被修飾表現の
　　　　　配置
　　（え）文体（スタイル）の把握

（あ）〜（う）についてはすでに他のところで例を挙げて説明した（たとえば、大津・窪薗 2008）ので、ここでは、（え）について説明したいと思います。文体と言ってもいろいろありますが、ここで取り上げるのは「話しことば」と「書きことば」の区別です。もちろん、両者には優劣の関係はなく、状況に応じてどちらの文体を使うのが適切かを考えて使い分ける必要があります。ところが、最近の大学生や社会人にはその使い分けを心得ていない人がたくさんいます。たとえば、レポートにつぎのように書く大学生も少なくありません。

（9）リチウム電池は、ノートパソコンとか携帯電話とか、いろんなものに使われてます。

言うまでもなく、(9)は日本語の文として不適格というわけではありませんが、話しことばであって、レポートのような書きことばが期待されるところではふさわしくありません。たとえば、(10)のように書くべきところです。

　　（10）リチウム電池は、ノートパソコンや携帯電話など、さまざまなものに使われています。

いまの例は日本語を母語としない留学生用に編纂された教科書（鎌田・仁科2014: 3）から借用したものですが、日本語を母語とする学生や社会人にもこのようなスタイルの混同をするものが少なくありません。
　ちなみに、鎌田・仁科（2014）は優れた教科書で、筆者は日本語を母語とする大学生対象の講義にも一部利用しています。同書の中には、つぎのようなインタビュー記事（したがって、話しことばが使われている）の一節を書きことばに書き換える練習などもありますが、苦労する大学生もたくさんいます。

　　（11）「リンゴ」という言葉をきちんと使えるようになるためには、青いリンゴもあることや、赤くて丸くてもトマトはリンゴじゃないってことを知る必要があります。「リンゴ」という言葉が使える範囲をいろんな

　　　　経験をしながら発見していくんです。　　　（p.8）

著者の鎌田美千子によると、日本語を母語とする学生用の教科書を別途準備する予定とのことですので、一日も早い出版を期待したいと思います。

外国語学習の二面性

　ここまで述べてきたように言語教育として母語教育と一体となった英語教育[8]という捉え方をすると、「英語の授業は英語で行うことを基本とする」という方針を含む学習指導要領との関係を考えることが必要となってきます。

　外国語学習には2つの、互いに関連しながらも、異なった側面があります。1つは学習対象である外国語の仕組みを意図的・意識的に理解することです。「仕組み」の中には、文字、発音、語彙、文法などが含まれます。もう1つの側面は学びとった仕組みについての知識を運用できる（読む、書く、聞く、話す）ようになるために繰り返し練習することです。後者の側面に注目して、「英語は実技科目である」という言い方も最近よく耳にします。

　上で述べたように、この2つの側面は互いに関連しています。言うまでもなく、論理的には、意図的・意識的学習が運用練習に先行します。仕組みを理解せずに、やみくもに練習をしても効果的ではありませんし、なにも身につかないということもあり得ます。もちろん、現実的には、仕組みを学び、それについて練習し、練習でうまくいかないところは仕組みを復習す

ることによって克服するようにし、という過程の繰り返しになるのですが、論理的には上に述べた順になるということを認識しておくことが重要です。

　ここで忘れてはならないことはそれが外国語教育であるという（ごくごく当たり前の）点です。赤ちゃんが母語を身につける第一言語（母語）獲得や海外移住などで母語以外の言語の環境に置かれた人がその言語を身につける狭義の第二言語獲得[9]とも異なります。

　外国語教育は子どもたちの立場に立てば外国語学習ということになります。英語について言うなら、生活言語として英語が使われている状況での母語獲得や狭義の第二言語獲得の場合とは異なり、英語の授業が行われている教室から出ると、そこでは日本語の世界が広がっています。教室の外でも英語に触れることはあるでしょうが、時間的にも、質的にもかなり限定されたものです。

　そこで必要となってくるのが意図的・意識的学習です。実際、意図的・意識的学習を必要とするのは外国語を身につける時だけです。母語や狭義の第二言語の場合には学習をしなくても、その言語との接触が保証されていれば、身につきます。もちろん、すでに述べたように、表現力を磨いたり、語彙を増やしたりするための学習（言語運用法）は有益かつ必要ですが、言語の体系自体（基本的な語彙、発音、文法など）の獲得には意図的・意識的学習は必要ではありません。

　英語教育を論じる時、英語教育の「専門家」と言われる人でも、この点の認識が十分でない人が大勢います。外国語学習の場合も、文法を含む、その仕組みはあくまで学習者が気づき、

学び取るものであって、教師が教え込むものではないという意見です。もっともそうに聞こえるので、そう信じてしまう人が多いのですが、上で述べたように、母語や狭義の第二言語獲得とは異なった形態をとる外国語学習の場合には単に効率が悪いだけでなく、仕組みの理解が不十分のまま、学習が先に進んでしまうということが起きがちです。

　外国語の仕組みについての意図的・意識的な学習の際、重要な役割を果たすのが学習者の母語です。すでに述べたように、母語を利用して育成したことばへの気づきを利用して、外国語の仕組みについて学習する。その際には、教師が母語と外国語の仕組みの違いをきちんと説明し、学習者はそれをきちんと理解することが欠かせません。その説明を行う言語（「メタ言語」）は学習者の母語で行うのが自然です。日本の英語教育に大きな影響を与えたハロルド・パーマー（Harold E. Palmer）の「オーラル・メソッド（Oral Method）」でも、当初は教室では生徒たちの母語である日本語を用いずに英語だけで授業を進めることが強調されましたが、次第に、日本語での説明など日本語の使用を容認するようになりました。

　こうして学び取った外国語の仕組みは体が覚え込む（「自動化される」）まで繰り返し練習によって、次第に定着させる必要があります。その意味で、「英語の授業を英語で行うこと」はもっともなことです。ことに、教師が英語を話しまくるのではなく、子どもたちにできるだけたくさんの発言の機会を与え、できるだけたくさんの英語を読ませ、書かせるという実践は優れた英語教師がだれしも実践しているところです。

　その意味で、「英語の授業は英語で行うことを基本とする」

の「を基本とする」の部分がきわめて大事です。そこの部分を取り去って、「英語の授業中は日本語を一切使ってはならない」というのであれば、危険極まりないことです。この辺りは間違いのないよう「英語の授業は英語で行うことを基本とする」の趣旨を教師に正しく伝える努力を文部科学省や教育委員会の関係者に強く要請したいと思います。

　若干の補足をして、この節を閉じたいと思います。2013年の暮に文科省が発表した「グローバル化に対応した英語教育改革実施計画」(http://www.mext.go.jp/b_menu/houdou/25/12/__icsFiles/afieldfile/2013/12/17/1342458_01_1.pdf) によると、中学校では「授業を英語で行うことを基本とする」とし、高等学校では「授業を英語で行うとともに、言語活動を高度化（発表、討論、交渉等）」となっています。中学校については、「を基本とする」という部分を決してないがしろにしないという姿勢を文部科学省には貫いてほしいと思います。さらには、もう一歩踏み込んで、授業実践の形態までをも規制していると受け取られかねない表現を使うことは避けてほしいものです。

　問題は高等学校の部分です。意図的か、偶然かはわかりませんが、「を基本とする」という文言が消えています。その上で、英語で「発表、討論、交渉等」が行えるよう内容を「高度化」するとあります。英語の授業を英語だけで行うことの問題点はすでに述べたとおりです。さらに言ってしまえば、現状を考えたとき、英語で「発表、討論、交渉等」が行える高等学校は日本国内にいくつあるのでしょうか。基礎的な英語力を育成することなく、英語で「発表、討論、交渉等」を行えと言われてしまえば、決まり文句に頼った、まったく創造的でない練習

を繰り返すしか方法がありません。よく引き合いに出される「生きた英語」の反対の極にある「死んだ英語」の練習に明け暮れることなります。英語が使えるようにならないのはごく自然なことです。

　ここまでに述べてきたことを整理すると、英語教育において、英語の仕組みについて説明する部分（「メタ言語」を使った説明）では子どもたちの母語を十分に活用することが重要であり、それによって学び取った英語の仕組みを運用に供することができるよう繰り返し練習する部分ではできるだけ英語を用いて授業を行うという区別が重要である、ということになります。

最後に

　英語教育の目的について考察してきました。その過程で、外国語教育としての英語教育は母語教育（国語教育）と関連づけて位置づける必要が明らかになりました。そして、その言語教育の構想の中で、英語教育の目的はつぎの点に求められるべきことを述べました。

　　（B）　学校英語教育の目的は、母語に対する気づきの発達を支援し、それによって、母語を効果的に運用できる力を増進させることにある。

このような構想を実現するためには、①教員養成課程に「ことば」という視点を導入し、教員志望の学生にその視点の重要性

を説き、感じとらせる必要があります。また、②現職教員に対しては、「ことば」という視点の重要性を説き、感じとらせるための研修を行う必要があります。さらに、③教科調査官や視学官など英語教育行政に大きな影響を与える人々が「ことば」という視点の重要さを理解し、それを英語教育政策に反映させる努力をすることが必要です。

　これらの点を実現させることは容易なことではありませんが、小学校教育の中に教科としての英語を導入するという政策の実現に必要となるであろう費用やエネルギーなどを考えれば、ずっと実現可能性が高いものであることは間違いありません。

注

1　幸いなことに岡倉（1911）は「近代デジタルライブラリー」に電子化された本文が掲載されており、無料で閲覧することができます。

2　以下の一連の修士論文では「ことばへの気づき」ではなく、関連分野でより広範に用いられている「メタ言語能力（metalinguistic ability/abilities）」という術語を用いています。前者と後者には概念上のずれがあるのですが、本論の主張に影響を与えるものではないので、本論が研究者だけでなく広く読まれることを考慮し、「ことばへの気づき」を用います。

3　実際、因果関係があることも示されていません。

4　これら一連の修士論文に取り組んだ永井敦（現Maryland大学大学院生）、藤田麻友美（現獨協中学・高等学校教諭）、五十嵐

美加(現東京大学大学院生)、児玉菜穂美(現江戸川女子中学校・高等学校教諭)の4氏に感謝するとともに、彼らの今後の一層の飛躍を祈念したいと思います。

5 以下のIgarashi (2014) に関する解説は五十嵐美加本人が執筆したものを本論のスタイルに合わせて若干の調整を加えたものです。五十嵐さんに感謝します。

6 実用志向:学習を目的達成の手段としており、知識や技能の持つ(直接的)有効性を信じているという動機。言語的興味志向:学習内容(英語)そのものに興味を持っており、知的好奇心や理解欲求に根ざした典型的な内発的動機。訓練志向:学習を通じて間接的に知的能力を伸ばすという動機。自尊・関係志向:周囲に自己の優位性を示したいという社会的動機と「先生の期待に応えたい」などの人間関係に依存した動機がまとまったもの。報酬志向:報酬と罰による典型的な外発的動機。

7 いずれも統計的に有意な数値($p<.01$ または $p<.05$)のみ示しています。

8 これまでに出版した拙著、拙論をお読みいただいているかたは、筆者の考えが以前より先鋭化されたことにお気づきかもしれません。以前は、「外国語教育としての英語教育は母語教育としての国語教育と有機的に連携しなくてはならない」という趣旨の主張をしていたのですが、本論では「英語教育と母語教育(国語教育)は言語教育として本来一体であるべきだ」という一歩踏み込んだ主張に変化しています。

9 「第二言語」という用語は2とおりの意味で使われており、かつ、両者の区別が明確に意識されていない場合もあるので混乱を招くことがよくあります。筆者が「広義の第二言語獲得」と呼んでいるものは第一言語(母語)以外の言語の獲得、ないしは、学習を含みます。それに対し、「狭義の第二言語獲得」と

は広義の第二言語獲得から外国語学習を除いたものを指します。日本に生まれ育ち、日本語を母語として獲得し始めた子どもが3歳になったとき、家庭の事情で英語圏に移住し、しばらくすると、大抵の場合、英語を身につけ始めるものです。これが狭義の第二言語獲得の例です。

参考文献

Fujita, Mayumi（2013）*Metalinguistic Awareness and Foreign Language Proficiency in Early Stage Learners*. 慶應義塾大学大学院社会学研究科教育学専攻修士論文

福田浩子（2007）「複言語主義における言語意識教育―イギリスの言語意識運動の新たな可能性」『異文化コミュニケーション研究』19 pp.101–119.

細川英雄・西山教行（編）（2010）『複言語・複文化主義とは何か―ヨーロッパの理念・状況から日本における受容・文脈化へ』くろしお出版

Igarashi, Mika（2014）*Metalinguistic Ability, Motivation and Learning Strategies in Foreign Language Learning*. 慶應義塾大学大学院社会学研究科教育学専攻修士論文

鎌田美千子・仁科浩美（2014）『アカデミック・ライティングのためのパラフレーズ演習』スリーエーネットワーク

Kodama, Naomi（2014）*Metalinguistic Ability and First Language Skills*. 慶應義塾大学大学院社会学研究科教育学専攻修士論文

Lasagabaster, David（2001）The Effect of Knowledge about L1 on Foreign Language Skills and Grammar. *International Journal of Bilingual Education and Bilingualism* 4. pp.310–332.

三森ゆりか（2013）『大学生・社会人のための言語技術トレーニング』大修館書店

Nagai, Atsushi（2012）*Metalinguistic Ability and Foreign Language Proficiency.* 慶應義塾大学大学院社会学研究科教育学専攻修士論文

成毛眞（2011）『日本人の9割に英語はいらない』祥伝社

岡倉由三郎（1911）『英語教育』博文館（近代デジタルライブラリー　http://kindai.ndl.go.jp/info:ndljp/pid/812330/115）

大津由紀雄（1994）「英語教育の目的」伊藤健三先生喜寿記念出版委員会（編）『現代英語教育の諸相—伊藤健三先生喜寿記念論文集』pp.193–200．研究社

大津由紀雄（2009）「英語教育の目的再考」生井健一・深田嘉昭（編）『言語・文化・教育の融合を目指して—国際的・学際的研究の視座から（矢野安剛教授古稀記念論文集）』pp.378–386．開拓社

大津由紀雄（2010）「言語教育の構想」田尻英三・大津由紀雄（編）『言語政策を問う！』pp.1–31．ひつじ書房

大津由紀雄・窪薗晴夫（2008）『ことばの力を育む』慶應義塾大学出版会

寺沢拓敬（2012）「『日本人の9割に英語はいらない』は本当か？—仕事における英語の必要性の計量分析」『関東甲信越英語教育学会学会誌』第27号 pp.71–83．

山本麻子（2012）『ことばを鍛えるイギリスの学校—国語教育で何ができるか（岩波現代文庫）』岩波書店

吉村雅仁・古石篤子（編著）（2008）『多言語・多文化の学校を考える—今私たちに何ができるか、何をすべきか』慶應義塾大学21世紀COEプログラム「総合政策学研究資料」No. 5

なんで英語の勉強すんの？

会津若松の中学校を訪問して[*]

鳥飼玖美子

　東北大震災の翌年、2012年に私は福島県会津若松市にある中学校を訪れ、11月27日河東中学、28日には第六中学で講演を行いました[1]。

　公益財団法人・中央教育研究所では、「福島原発地域避難児童生徒支援活動」として、避難している児童／生徒を受け入れている東北各地の小中学校へ講師を派遣する事業を行っており、その趣旨に賛同してのことでした。講演にあたり、聞き手となる中学生の英語に関する意識を把握しておこうと両校に依頼し、事前に生徒たちから講師への質問を出してもらいました。生徒全員の質問を読んでみると、中学生の英語についての思いが痛いほど伝わってきました。

　河東中学、第六中学ともに会津若松市立中学校であり、両校とも福島原発地域から避難している中学生を受け入れていますが、講演に際して該当する中学生を特定することはありませんでしたし、質問アンケートでも同様です。すべて「会津若松の中学生」としてあります。河東中学は生徒数が多く[2]、第六中学は少ない、という規模からくる教育上の違いはあるかもしれませんが、ここでその差を考慮に入れることはせず、「会津の

中学生からの質問」として両校の結果を総合して報告します[3]。

「なんで英語の勉強すんの？」

中学生からの質問で、もっとも多かったのは、「なんで英語の勉強すんの？」（1年）という疑問でした。「英語はなんで勉強するのですか」「なんで日本で英語をべんきょうするのですか」（1年）、「どうして英語を習わないといけないんですか？」（2年）、「なんで英語を勉強するのか」「英語って何のためにやるんですか？」「英語は大事なんですか？　なんで英語の勉強をするんですか？」（3年）と表現は多様です。関連した質問として、「日本の英語は受験対策でしかないのか？」（1年）、「英語を知っていて役に立ったこと、ありますか？」「テストと受験以外で使うのかな？と思う」（2年）、というものから、外国語として英語を学習する環境を反映し、「日本人なのになんで英語の勉強をするの？」「まず英語って、やる必要はあるのか？（日常生活で使わないから）」「なぜ日本にいるのに英語を学ぶのか」「英語はいつ使うのですか？」（3年）という疑問も多くありました。

将来を考えても英語を使うことは現実として想像できないようで、「英語を学んで将来役に立つことは何ですか？」「英語が将来役に立つことある？」（2年）、「英語がいえてよかったと思ったときはありますか？」（3年）などの質問があるかと思えば、国際共通語だと聞かされているのでしょう、「英語が世界共通語なのはどうしてですか？」「英語は世界何カ国で使われているんですか？」「フランスやイタリアで英語は通じます

か?」(3年)という質問もありました。「英語はなぜ存在するのか」(2年)という根源的な問いまであり、それらを合わせると82名が「なぜ英語?」という問いを発していました。1年生回答者94名のうち20名、2年生41名のうち7名ですが、3年生になると回答者57名のうちの55名、つまりほぼ全員が英語の必要性について疑問を抱いていました。それだけでなく、19名が「英語は必要ないと思います」と宣言しています。「英語とか必要ないと思う。うちらが外国とかに行かなきゃいいから。必要な人だけ勉強すればいい。」(3年)と怒りがこみあげているようなコメントもありました。

「なんで英語を習う必要があるのか」と書いた3年生は、「単語を書いても書いても覚えられない」と嘆き、「英語を好きになれない」と結論づけています。なぜ英語を学ぶのかという目的が中学生にとっては決して明確ではなく、それなのに勉強を強いられ、難しくて覚えられない英語が嫌になっていく、という英語嫌いへ至るプロセスが浮かび上がっています。

「どうすれば英語を好きになれますか?」

英語が嫌いになっては困ると思っているからか、「どうすれば英語を好きになれますか?」というのが次に多かった質問です。「私は英語がにがてです。どうしたら好きになれますか?」「英語を好きになるのはどうすればいいですか?」(1年)、「英語を楽しくするにはどうしたらいいのか」「英語の勉強をするのがイヤになる時があります。英語をもっと好きになりたいのですが、どうしたらいいですか?」(2年)、「どうやったら英

語を好きになれるか」(3年)など、英語はイヤになると本音を吐きながらも、1年生24名、2年生10名、3年生8名の合計42名が、何とか好きになれないだろうか、と質問しています。

　中には講師である私に対して「なんで英語が好きなんですか」「英語のみりょくを教えてください」(1年)「英語のどこがおもしろいですか」(3年)という質問も学年を問わずありました。まだ1年生なのに、「英語はとても難しい感じがして、ほとんど楽しいと思ったことが無いので、『どうしたら楽しめるか？』『どういうところが楽しいのか？』などを知りたい」「私は英語が苦手です。どうすれば英語が苦手じゃなくなりますか。どうすれば英語が楽しくなりますか？」と書いた生徒も何名かおり、嫌いになりかけているが、それでは困る、楽しく勉強したい、という願望が表れています。

　「どうしたら英語を好きになれるか」という質問は、1年生の割合が最も大きく、94名中24名、25％が悩んでいます。張り切って英語を学習して欲しい中学1年生の4人に1人が、苦手意識を持ち始めていることが見てとれます。2年生は英語についての質問をすることさえ面倒という感じの生徒が多く、「勉強のしかた（英語）」「不規則動詞のかわり方」「単語の覚え方」など素っ気ない表現が多く、「特にないです」「ない」や白紙などの無回答は21名になりました。3年生になると、「特になし」「ない」や、それすらも書いていない白紙の回答が30名に上り、「英語むずかしい」と一言だけの生徒もいました。

　「英語はなぜ存在するのか」という質問と合わせて「どうやったら英語が好きになれるか」と聞いた2年生もいました

が、この生徒は「どうやったら単語をたくさん覚えられるか」という質問もしています。「なぜ日本にいるのに英語を学ぶのか」と質問した3年生は「スペルが覚えられません。発音がつっかかってしまう。リスニングがききとれません」と悩みを連ねた最後に「英語が楽しくなるには？」と聞いています。「どうやったら英語を好きになれるか」と質問した3年生は「勉強の仕方がまったく分からない。単語が覚えられない。文法が苦手だからどう覚えればいいのか」とも書いています。英語学習の目的が理解できないまま勉強しているけれど、書いたり聞いたり話したりの技能で挫折し、やみくもに暗記しようとしても覚えられず学習方法が分からなくなっているようで、さながら迷路に迷い込んだような気持ちなのでしょう。

「英語は暗記科目」？

　英語を覚えなければならないという圧迫感は相当に強いらしく、圧倒的に多かったのが「暗記」に関するものでした。「単語の覚え方が分からない」や「長文を暗記できない」「文法はどうして覚えたらいいのか」など、「英語を覚える」ことについての悩みが1年生で50名、2年生で35名、3年生で30名、合計112名から出ました。回答者192名の過半数が「英語を覚える」ことで四苦八苦していることになります。「少しでも英文を読んでもらいたいので、教科書の英語は覚えるように指導しています」という英語教師がいましたが、それが裏目に出ている印象もあります。

　暗記以外で、「どうしたら○○ができるようになりますか？」

という類いの学習方法に関する質問は多岐にわたりました。「どうすれば発音がきれいになりますか？」（1年生17名、2年生6名、3年生5名）、「（外国人の早い）英語を聞き取るコツ」（1年生3名、3年生4名）、「リスニングが聞き取れない。どうしたら聞き取れるようになりますか？」（3年生6名）、「どうやったらペラペラ話せる？」（2年生5名、3年生2名）、「英文をスラスラ読むのは、どうしたらできる？」（1年生8名）、「長文読解が簡単にできるようになる方法を教えて下さい」（3年生10名）など。中には「勉強の仕方が分かりません。効率の良い方法はありますか？」（1年生2名、2年生3名、3年生8名）というものもありました。「どういう風に勉強すればいいかわからない」「勉強方法が分かりません」（2年）と英語学習の方法自体が分からないという質問からは、途方に暮れている中学生の姿が浮かびます。

　「何で学校では応用としての英会話ではなく文法など、会話であまり使わないものを習うのか」（3年生）という質問もありました。会話を可能にする為にこそ文法知識が欠かせないという当然であり肝心なことを教師が十分に説明していないのか、無駄なことを学んでいるという意識を持っているようでした。

　その他には、1年生から「英語は誰が作った？」「英語の（文字の）起源はどこですか？」という根本的な質問、「スペルがローマ字と違って決まりが分からない」「スペルと音の関係が分からない」「the の使い分けがあまり分かりません。なぜ使ったり使わなかったりするのですか？」というもっともな悩みや、「なぜ英文の最初が大文字になるのか疑問」「do って何

の意味があるんですか？」などの難問もありました。2年生になると「英語はなぜ外国人に通じないのですか？」「外国に住んだ方が早いのでしょうか？」「英文と日本語はどうして逆なの？」という質問が登場します。3年生では、「英語はなぜ日本語と語順が違うのか？」「どうしてアルファベットが生まれたのか」「なぜ大文字と小文字が分かれてあるの？」などの基本的な事柄から「文法通りに書いたり話したりする方法はありますか？」「英語を自然に身につけるにはどうしたら良いのですか？」という切実な質問もありました。「英語はどこの誰が作った？」という問いからは英語に対する思いが窺われるし、「全部でどのくらいの単語があるのか？」などの質問があったのは、いくつ覚えなければならないのかという不安でしょうか。

　質問の数々から浮かびあがってくるのは「日本に住んでいれば必要ないのに、なんで英語なんかやらなきゃいけないの？」と疑問に思いながらも、「英語は世界の共通語」だと認識し、「英語を好きになりたい」と願いつつ、単語や文章を暗記しようとして覚えられず困っている生徒の姿です。

　正式のアンケート調査ではなく回答数も少ないのですが、およその実態が出ている感もあり、これは2校だけのことではなく、日本全国の中学校の状況の縮図であるとも考えられます。

　英語という未知の外国語に取り組むという楽しさが欠如した中でもがいている中学生。中学時代というのは、身の回りの世界に不安や疑問を感じながら物事を分析的に批判的に考え始める年頃なので、どうして英語をやるのだろう？　という至極まっとうな質問を抱き始めるのですが、どうやら納得のいく答

えを得られないままでいるようです。内心で、「英語なんて必要ない」と思いつつ、しかし受験という目の前の課題を突破する為にひたすら暗記するだけの英語には、魅力のかけらもないでしょう。

講演と中学生

　私は、生徒たちの率直な質問を受け、講演の内容は中学生の疑問に答えることに絞りました。まずは、「英語ができなければ人生おしまい」というほどのことはありません、と中学生の気持ちを軽くすることに務め、英語がなぜ共通語になったのかという歴史的経緯（英語自体の魅力や力ではなく、植民地支配から始まる国際政治上の力学という歴史をかみくだいて）から、日本語との距離（だから日本人にとって英語は難しい）を説明した上で、自分の失敗談や中学時代にやっていた教科書中心の勉強方法を紹介し、自らが「英語を勉強して良かった」と感じたエピソードを語りました。その上で、東北大震災について触れました。2011年秋にNHK「ニュースで英会話」の取材で岩手県陸前高田市を訪れ、世界の各地から復興支援にやってきたボランティアが泊まっていた廃寺を訪ねたこと、そこでは日本人もメキシコ人もタイ人も、英語を共通語として使って一緒に暮らしボランティア活動をしていたことを紹介しました。そして講演の最後は、「フクシマは今や世界に知られています。あなたたちが日本人であること、福島県出身であることを知った外国の人々は、『あの震災』『その後のフクシマ』について聞いてくるでしょう。その時に、国際共通語である英語

で、きちんと自分の思いを伝えて下さい。その為に英語を勉強して下さい。目的をしっかり見据えて英語を学べば、必ず英語でコミュニケーションはできるようになります」というメッセージで講演を締めくくりました。

　中学生がどの程度に理解してくれたか不安でしたが、第六中学からは講演会に参加した生徒たちの感想文が後日、送られてきました[4]。「英語が苦手」「嫌い」「得意ではない」と書いた生徒たちもいた中から、いくつか「英語学習の必要性」に言及しているコメントを抜粋し原文のままを紹介します。

　「英語がどれくらい大切かわかりました」　　　　（1年）
　「英語はなくてもいいと思っていました。けどこの講演会で鳥飼玖美子先生の話をきき、世界の人とつながる大切なことばだということがよくわかりました」　　　（1年）
　「英語は、日本にいるときは使わないと思ってたけど、話を聞いて、しんさいの時とかすごく必要だということがすごくわかった。」　　　　　　　　　　　　　　（2年）
　「英語というのは正直、とても難しいので覚えるのが大変です…でも『英語』は大事なことだという事を学べました。これから今日聞いたことは将来に役立てていきたいです。」　　　　　　　　　　　　　　　　　　（2年）
　「私は英語が苦手で、どーやって勉強すれば頭に入るかわからなかったけど、今日ので、がんばろうと思います」
　　　　　　　　　　　　　　　　　　　　　　（2年）
　「私は、なんで英語を勉強するんだろうと思ってました。でも今回の講演会で英語の大切さが分かりました。これか

なんで英語の勉強すんの？　93

らも英語の勉強を頑張ろうと思いました。」　　　　（3年）
「日本のためにボランテイアで来てくださった各国の人々の話を聞いたとき、とても感動しました。文化の違いはあっても、共通の言葉で話すことができればコミュニケーションをとることができるので、私も英語をがんばって勉強しようと思います」　　　　　　　　　　　　（3年）
「私はとても英語が苦手で、5教科の内で一番悪く、いつも『なぜ、日本人は英語を勉強しなければいけないのだろう』と不思議でなりませんでしたが、先生のお話を聞いて、グローバル化が進む世界で、どうしても外国の人達と交流するには必要なのだと、おもいしらされました。」
　　　　　　　　　　　　　　　　　　　　　　（3年）

　生徒たちがこのリアクションペーパーを書いた際に、講演者である私が読むことを知っていたかどうか不明ですが、知っていて書いたとしたら社交辞令が入っている可能性は否定できません。ただ、英語の必要性を認識したという趣旨のコメントは3年生が一番多く、48名中で26名、全体では125名中48名で、感想の中には他のことを書いたものも多くありました。「ホームステイでの日常、失敗談などが聞けてとても参考になりました」「単語の覚え方などわかりやすかったです」（1年）、「勉強のしかたなど、参こうになるものばかりで、良かったです」「今日は英語のそぼくな疑問をしっかりと解決できました。」（2年）、「英語を今から、得意になるのは無理がありますが、一応、受験生なので人並みにはできるように、先生に教えていただいた学習方法を活用したいと思います」（3年）な

ど、勉強方法や留学などについて書いたものもありました。それでも38％程度の生徒たちが、日本に住んでいても英語が必要になる可能性と世界とつながる共通語としての英語の存在をおぼろげに感じてくれたのです。それさえ念頭にあれば、中学、高校、さらには大学と続く長い英語学習を継続することができるのではないかと思います。

　ただ、実際には、たった一度の講演で感じたことをいつまで持続できるかは保証の限りではありません。講演直後には「頑張ろう」と確かに思ったとしても、翌日の授業でめげてしまうことだってあり得ます。「単語の覚え方」についての質問が余りに多かったので、私は、「教科書を声に出して何回も読む」「内容を考えながら読む」ことによって、単語がどう使われているかが理解できるようになる、無意味な丸暗記はかえって非効率であることを説いたのですが、これはなかなか難しいことでもあります。「何回も読む」というのは何回なのか、3回なのか6回なのか。あえて数字を挙げなかったのは、回数を言ってしまうと、その回数だけこなせば大丈夫なのかと誤解して機械的に読むことになりかねないからで、自分でやっているうちにどのくらい読むと英語のセンテンスが頭に入るか分かってくることを期待しているからです。しかし「自然に頭に入る」という実感は、相当にやってみないと掴めないので、その前に挫折する生徒がいるかもしれません。「内容を考える」とは、どういうことなのかも、指導が必要です。知っている単語や前後の文脈から推察することが大切なのですが、単語が分からないのに内容なんて分からない、と思う生徒は当然いるでしょうし、分かろうと思って読んだけど教科書の中身は面白くない、

なんで英語の勉強すんの？　95

と感じる生徒もいるでしょう。

　結局は、毎回の授業で教師がどのように導くか、ということになります。教師の役割が重い所以ですが、その教師は恐らく、「どうやったら生徒たちが英語に興味を持って意欲的に取り組むか」という動機付けに腐心しているに違いありません。強い動機付け（motivation）があれば、それが学習を推進するエンジンになることはこれまでの多くの研究で明らかになっていますし[5]、教師も経験的に知ってはいるのですが、問題は、何をどのようにしたら動機付けになるのかです。八島（2004）[6]は、「動機付け」と「国際志向性」との関連を検証しましたが、英語を使う環境になく、外国人が多いわけでもない土地（これは会津に限らず日本各地の問題）で、「英語とか必要ないと思う。うちらが外国とかに行かなきゃいいから」と考えている中学3年生にとって、国際志向性自体が非現実的な要素でしょう。むしろ何らかの動機付けによってコミュニケーションへの意欲が生まれ国際志向性へつながるという可能性を摸索しなければならないかもしれません。

　動機付けの重要性は文科省も痛感しているようで、「国際共通語としての英語力向上のための5つの提言と具体的施策」（2011）[7]の副題には「英語を学ぶ意欲と使う機会の充実を通じた確かなコミュニケーション能力の育成に向けて」とあります。学習意欲と使う機会があれば英語を使えるようになる、という想定で出された（ように見える）提言は、まずは「提言1　生徒に求められている英語力について、その達成状況を把握／検討する」ことから始め、次の提言2で「生徒にグローバル社会における英語の必要性について理解を促し、英語学習のモチ

ベーション向上を図る」とあります。私の講演は、そうとは明言せずに英語学習のモチベーション向上を図ろうとした点では、この提言に沿ったものとなるのかもしれませんが、「世界はグローバル化しているのだから英語は必要だ」という表現を私はあえて使いませんでした。生徒たちはそのようなことを耳にタコができるほど聞かされていると考えたからです。「グローバル社会」という抽象的かつ陳腐になりつつある決まり文句ではなく、中学生が納得いく話しで英語の必要性を丁寧に説明しない限り、生徒の心には響かず、英語学習のモチベーション向上を図ることにはつながらないと感じています。

提言3では「ALT, ICT等の効果的な活用を通じて生徒が英語を使う機会を増やす」とありますが、ALTなどの外国人教員と接し英語を使う機会はあっても、意欲低下につながる可能性を排除できないのが生徒のアンケートで判明しました。「外国人って英語を話すのが早いです。どうしたら聞き取れますか」「授業で何をいっているかわからないときがあります。どうしたらいいですか」（1年）、「外国人の英語がよく聞き取れない時はどうしたらいいですか？」（3年）とリスニングの難しさを印象づけることになったり、「私達の習っている英語があまり通じず、？？で返事された」（1年）と話すことへの自信を失うこともあるようです。発音面の指導についても「言いづらい、発音しづらい単語はどうすればしゃべれるようになるのか」「外国の人でもよく聞き取る発音のしかたは何でしょう」（2年）、「英語の発音がうまくできないのはどうすればいいですか」（3年）という質問があり、ネイテイブスピーカーがいたとしても発音指導ができるわけではないのが分かります。専

門家による英語の音声指導については、もっと真剣に考えてしかるべきでしょう。

中学生の声から浮かび上がるのは、単にALTがいるだけでは動機付けになるとは限らず、日本人教師とのチームワークの中でALTがどのような役割を果たすのかが重要になるという点です。単に英語母語話者というだけではその役割を十全に果たすことは難しいので、ALTの質が問われることは当然だといえます。

提言4は英語教員の英語力／指導力の強化、提言5は大学入試の改善についてであり、それぞれに問題を孕んだ提案が出されていますが、本論に直接関係する面で言えば、英語教員に英語力がなければ論外としても、肝要なのは生徒の動機付けを生むことに最も貢献する存在としての英語教員の役割です。提言5の大学入試にも関連してきますが、英語を学ぶのは入試の為であるというような短期的目標を強調する英語教師の言動は、生徒たちの動機付けにならない方が多いどころか逆に作用することを改めて指摘しておきたいと思います。

英語教師は、スキルを教えるだけの存在ではありません。英語という外国語を、身をもって生徒に伝える、いってみれば伝道師のような存在です。英語とはどういう言語なのか、なぜ学ぶのか、生徒と共に考え語り合う存在であって欲しいと願います。

英語が国際共通語になったのはなぜかという疑問について、世界史的視点から中学生に説明することはできます。英語を学ぶと何が可能になるのかという未来図を描くこともできるはずです。それをふまえつつ、しかし実利だけではなく、外国語が

異文化への窓であり、自らの内なる世界を広げるための手だてとなること、ひとつの外国語がどれだけ1人1人の人生を豊かにするかを語ることが大切なのです。同時に、英語学習は楽しいばかりではなく、時には思うように上達しないで悩むことがある現実も知らせなければなりません。英語を無意味に暗記する必要はありませんが、読むこと聞くことだけでなく、話したり書いたりする際にも、単語や語句などを覚えて使いこなすことが必須であること、文章を組み立てる為の規則（文法）を知らなければ話すことができない事実をきちんと説明して欲しいものです。意味のある内容を聞いて、理解し、発信し、コミュニケーションという相互関係の構築を可能にする為にこそ、語彙や文法を学ぶのだということを教えなければなりません。それを楽しく、というのは至難ではあるのですが、そこにこそ教師の創意工夫が求められます。

　英語だけで人生が決まるようなことはない、と英語の存在を相対化しつつ、しかし外国語を学ぶことで世界が広がるという喜びは、会津若松の生徒たちだけでなく、日本のすべての中学生に伝えたいメッセージです。

注

＊　本論は、（公益財団法人）中央教育研究所2012年度「研究報告」No.80『自律した学習者を育てる英語教育の探究―小中高大を接続することばの教育として』所収「「福島原発地域避難児童生徒支援活動」報告：会津若松の中学校を訪問して―なん

で英語の勉強すんの？」(pp.94–101) に、加筆したものです。転載を快諾して下さった中央教育研究所（水沼文平所長、寺崎昌男理事長）に深く感謝します。

1 講演の様子は、NHK「ニュースで英会話」年末スペシャルで2012年12月16日に放映されました。
2 平成24年5月1日現在、男子138名／女子128名。10学級計266名
3 アンケート用紙は、河東中学1年70名、2年45名、3年49名、合計164名。第六中学1年32名、2年17名、3年38名、合計87名。両校合わせて251名分が送られてきました。アンケート回答を見ると、両校1年生102名のうち94名が回答（無回答8名）。2年生62名のうち41名が回答（無回答21名）、3年生87名中57名が回答（無回答30名）であり、回答者総数は192名でした。
4 1年生41名、2年生36名、3年生48名、合計125名。これは講演前の質問アンケート回答数に比べ、学年ごとの人数、全体数ともに増えています。
5 例えば次の文献：Dörnyei, Z. (2001). *Teaching and researching motivation*. Harlow: Longman.
6 八島智子（2004）『外国語コミュニケーションの情意と動機―研究と教育の視点』関西大学出版部
7 平成23年6月30日外国語能力の向上に関する検討会

対談　内田樹×鳥飼玖美子

「悲しき英語教育」

●小学校で週に3コマの英語の授業

鳥飼 まず、去年の12月、「グローバル化に対応した英語教育改革実施計画」が文部科学省から出ました。これは2012年の政府の「グローバル人材育成戦略」の一環です。一番大きいことは、「外国語（英語）活動」として始めたばかりの小学校の英語を、今度は教科にするということです。「英語活動」は3、4年生に下ろして、5、6年生は「教科」にする計画です。3、4年生向けの「英語活動」は週1コマから2コマ程度（1コマは小学校の場合、45分）、5、6年生が対象の「教科」としての英語は「週3コマ程度」とされています。他教科もあるのですから、3コマ確保は実際には難しいでしょう。

内田 実施はいつからですか。

鳥飼 ともかくオリンピックに間に合わせたいということのようで、「2020年の東京オリンピック・パラリンピックを見据え」とあります。

内田 ということは、思い付いたのは招致決定以降ですね。

鳥飼 「2014年度から逐次改革を推進する」と書いてあります。

内田 今年じゃないですか。

鳥飼 今年から推進するけれども、実際に始めるのはいくら何でも大変ですよね。

内田 そうでしょうね。

鳥飼 この表は、他の教科もいろいろある中で、週に3コマの英語を入れたらどうなるかというシミュレーションです。新しく教科になった「道徳」も入るし、ほかの教科で削れる教科があるのかという中で、こういうもの（「小学校5・6年生におけるモジュール授業を用いた時間割の例」）を組み入れたらどうか、という案です。15分ずつ3日間、昼休みの後にモジュールを加える。苦肉の策ですね。

（参考）　小学校5・6年生におけるモジュール授業を用いた時間割の例（イメージ）

	月	火	水	木	金
モジュール	※	※	※	※	※
1校時	○	○	○	○	○
2校時	○	○	○	○	○
3校時	○	○	○	○	○
4校時	○	○	○	○	○外国語（英語）
	給食・昼休み	給食・昼休み	給食・昼休み	給食・昼休み	給食・昼休み
モジュール	※外国語（英語）	※	※外国語（英語）	※外国語（英語）	※
5校時	○	○	○	○	○
6校時		○外国語（英語）			

○：各教科等（45分）　※：モジュール（15分）
・標準授業時数には含まれないが、児童会活動やクラブ活動について、年間、学期ごと、月ごとなどに適切な授業時数を充てるものとされている。
・モジュールでは、聞き取りや発音の練習など、45分授業（週2コマ）で学んだ表現等を反復により定着させるための活動が適している。
文部科学省「グローバル化に対応した英語教育改革実施計画」
http://www.mext.go.jp/b_menu/houdou/25/12/1342458.htm より。
編集部注：「校時」は、一般的には「時間」「時間目」が使用されることが多い。

内田　いつからモジュールというのができたのですか。

鳥飼　これから始める、ということではないのでしょうか。つまり、1コマ分の45分の時間を丸々取るのが難しいので、15分ずつに分割して3日間やろうというのがモジュールです。「モジュールでは、聞き取りや発音の練習など、45分授業（週2コマ）で学んだ表現等を反復により定着させるための活動が適している」と説明がついています。給食を食べた後に英語が流れ、発音やリスニングを練習するということ。

内田　ビジネスマンが考えそうなことですね。

鳥飼　そして、モジュールと45分授業を組み合わせて、ともかくやるということです。

内田　こんなにやっちゃうんですか。

鳥飼　こんなにです。ここで問題になるのは、英語教員の養成ですが、とに

かく、かき集めて何とかやろうとしています。教科にすれば教員が必要です。今の「英語活動」のように英語の免許を持っていない学級担任が教えるわけにはいきません。「教科にするなら（教育職員）免許法を改正して、きちんと教員を養成するのがスジだ」と私は主張していますが、免許法改正となると、そんなにすぐにはできません。

聞くところによると、案として出ているのは、例えば、中学英語の免許を持っている退職した先生を引っ張り出すとか、免許は持っているけれども仕事がない先生に来てもらうとか、民間団体が資格認定した一般の人たちを活用する[1]。それが小学校英語教科化の実態です。

ですから、これから大変なことになります。教科書も作るようです。最初は現行の「Hi, friends!」という英語ノートと同じように文科省が作成して、それを全国で使うのではないでしょうか。

高校の英語の授業は基本的に英語ですると、2009年3月告示の新しい学習指導要領で決まりましたが、中学校も英語の授業を英語でするという計画です。

内田　いつからですか。

鳥飼　高校は2013年度から施行ですから、去年から始まっています。

内田　高校はもう英語で授業やっているのですか。

鳥飼　そうです。改訂された学習指導要領[2]で、「授業は英語で行うことを基本とする」と明記されました。

内田　できるんですか。というか、高校生に英語だけでやって授業がわかるのですか。

鳥飼　ですから、現場が大変です。

内田　現場でそれをよく受け入れましたね。だって、不可能でしょう。

鳥飼　大騒ぎでした。結局、文科省の答えとしては、「だから、『基

本的に』と書いてあります。基本的なんだから、あとはご判断ください」という。

内田 こういうとき、文科省は結構ずるいですよね。結局、文科省も審議会や財界や政治家にうるさく追い立てられているので、何か案を出しはするけれど、本当にそのとおりにやると現場が大混乱することはわかっている。でも、その責任は取りたくない。だから、「現場でご判断をいただいて」という感じで、何となく玉虫色の指示をおろしてくる。

文科省の指示を見ると、行間を読まないと意味がわからないものが多いですよね。行間を読むと、「こう指示はしておりますけれど、現場で『できない』と判断するなら、別にしなくてもいいです」というメッセージがこめられていることがある。「文科省は、政治家と財界の圧力に屈服してこういう指示を出しておりますが、これは文科省の真意であるわけではありません」という無言のシグナルが送られてくることがあります。

鳥飼 それでも、言うことを聞かないわけにはいかない。

内田 どうしてこんな理不尽な政策をおろしてくるのかを聞くと、「自分たちは政治家や財界から教育を守る防波堤になっているんだ」と言いますね。

鳥飼 そこで使われるのが、有識者会議や中教審（中央教育審議会）などの審議会です。「有識者や専門家が言っているから」ということが、1つの防波堤に使われることはあるようです。

内田 でも、この英語教育の実施は不可能ですよ。

鳥飼 週3コマは無理です。

内田 物理的に無理ですよね。教員の手当てができない。

●指導力が一番必要なのは小学校

鳥飼 中学生を教えるのと小学生を教えるのとでは全く違います。中学生にやったことが小学生に通じるかといったら通じません。私の感覚では、指導力が一番必要とされるのは小学校の教員です。

内田 そうだと思います。

鳥飼 それを中学校の英語の免許があるからと期待してもだめです。文科省はそれをわかっているからでしょう、研修をしようとしていますが、制度として教育委員会を通すことになっているので直接はできない、ということの

ようです。「実施計画」に書いてあるように、教育委員会が拠点校を決めてリーダーを作ります。そのリーダーが、学んだことを自分の地域で広め、次々と各校に広めていく方式で研修しようとしています。コミュニケーションに使える英語を教えるための「悉皆（全員）研修」を5年間やったことがありますが、あの時も各教育委員会にお任せでした。この計画には、とにかく指導体制を強化しなければいけない、「特別免許」を作って、外国のALTも使おう、地域の人たちも使おう、という趣旨のことが書いてあります。でも本来は、免許法を改正して、小学校英語専門の教員を養成するべきだと思います。

内田 この人たちは、公教育の実情をどこまで知ってこんなこと言っているのでしょう。この計画を作った人たちって、実際に公立の中学や高校に行ったことがあるのでしょうか。実際に教室に行って、自分で教壇に立ってみて、1時間でもいいから英語を教えてみれば、教師に何ができて何ができないかくらいわかるでしょう。いや、ほんとに現場に「これをやれ」と指示するなら、1回ぐらい自分たちで現場に行って、できるかどうか自分の身体で実験してみたらどうですか。自分でやってみれば、できるかできないかくらいわかるでしょう。

鳥飼 本当にそうですよね。面白いのは、「小・中・高を通じて、一貫した学習到達目標を設定して英語によるコミュニケーション能力を確実に養う」とあって、それと同時に、「日本人としてのアイデンティティに関する教育の充実（伝統文化・歴史の重視等）」とあります。それでどうなるかというと、教科書では日本について英語で説明するということで、例えば箸の使い方とか、富士山の説明とか、そういったものが出てくるのだろうと思いますが、ともかく英語が大事であるということだけで、グローバル人材とアイデンティティがどう関わるか、という話は全然飛んでいます。

●母語は死者との会話が可能

内田 語学教育というのは本質的に非常に政治的なものなんです。これが語学教育の宿命です。今の英語教育も、イギリスとアメリカという英語国が二世紀にわたって、世界の覇権を掌握してきたという政治史的現実の当然の帰結なんです。強国の国語が国際共通語になる。ノン・ネイティブは母語の他

にこの国際共通語の習得を義務づけられる。そのための時間とエネルギーはすべて「ハンディ」にカウントされる。英語を母語とする話者たちは、国際社会において、国際間のコミュニケーションにおいて、非英語話者に対して圧倒的なアドバンテージを保証されている。英語話者は、母語で国際会議に出られる、母語で学術研究を発表できる、母語で学会発表ができる、母語で議論ができる。非英語話者たちはそれと同質のコミュニケーションを行うためには、英語話者には不要である何千時間何万時間という手間を英語習得のために割かなければならない。

　これは英語を母語とする人たちが政治・経済・学術あらゆる領域においてアドバンテージを保持しつづけるためのシステムです。それが「アンフェア」であるということ、われわれ非英語圏の人間たちははっきり意識すべきなんです。強国の国民でないという理由で、はじめから大きな言語的ハンディを課されているという事実をまずみつめるところから始める必要があると思います。

　それをしないままに国際共通語の重要性ばかりを過剰に強調すると、子供たちは自国の言語や文化や歴史に興味を失ってしまう。そんなものには価値がないと思い始めてしまう。自国のことなんかいくら勉強しても、グローバル化した世界でのプロモーションには資するところがないという世間知を子供に刷り込んでしまえば、子供たちの母語文化とのつながりが断たれてしまう。

　僕がオーラル重視の外国語教育に懐疑的なのは、会話中心の語学教育が「同時代人とのコミュニケーション」しか想定していないからです。本来、言語を共有してコミュニケーションする相手は同時代人だけではない。少なくとも、母語の場合はまったくそうではない。母語の文化資源のほとんどは「死者たちの言葉」のうちに存在するからです。国際共通語は「生きている人間」を相手にするが、母語の場合は、「死者」を相手にする。

鳥飼　それは何ですか。

内田　僕たちは死者たちと母語を共有しているということです。僕が日本語を共有している相手は、今生きて日本語を話している日本語話者だけに限定されない。1500年前から、日本列島でかつて言語を語り書き読んでいたすべての人たちとわれわれは母語を部分的には共有している。

鳥飼　そういう意味ですね。

内田 自母語の共有者としての死者たちとコミュニケーションができるということが母語運用能力の本質的な部分だと僕は思っています。

でも、国際共通語の運用能力を云々する場合、相手は全部生きている人間、政治的、経済的、文化的に直接かかわりを持つ現代人だけです。ビジネスをしたり、政治的ネゴシエーションをしたり、社会的影響力を行使したりするためにはたしかに国際共通語は要請されるけれど、その場合のコミュニケーションの相手に死者は含まれていない。

なぜ英語話者たち、イギリス人やアメリカ人が母語を国際共通語にすることでアドバンテージを得ているかというと、彼らが英語を話しているときには、一言語るごとに、数百年前からの英語話者の祖先たちの思考や感情をレファレンスにできるからです。自分たちの身体の深層に蓄積している母語の文化を背景に1センテンス語るごとに利用できるからです。たった1つの単語であっても、それは彼らの文化的な「分母」のようなものとのつながりの中で口にされる。単語1つ1つに、音韻の1つ1つに、固有の重みがあり、厚みがあり、深さがある。

後天的に英語を学んだ人間はこの「分母」を共有することができません。手垢のついたストックフレーズを、標準的な発音で、辞書的な意味の範囲内で用いることしか許されない。ですから、ノン・ネイティブは、英語で話している限り、どんなに流暢であっても、どんなに語彙が豊富であっても、「まるでネイティブみたい」な英語は話せるけれど、千年にわたる英語文化の伝統に直接アクセスしながら語るということはできない。

どうして母語的伝統とつながっている必要があるかというと、母語によってしかわれわれはイノベーションができないからです。母語の深奥には地層のようなものがあって、そこに自分の知らない「自分のもの」が埋蔵されている。だからこそ、われわれは母語で「新語」が登場したときに、瞬時にその意味とニュアンスを理解することができるんです。これまで日本語の語彙になかった語でも、新しい含意でも、新しい熟語でも、聴けばすぐにわかる。新しい言葉を語彙に加えることができるのは母語においてだけです。これまで誰も口にしたことのない思念や感情を言語化して、それを共有できるのは母語においてだけです。

母語と外国語の最大の違いはそこにあります。母語以外の言語環境では新語を創造することが許されないということです。僕が例えば「これからI wentと言うのはやめてI goedと言うことにする。その方がなんか、格好いいみたいだから」と宣言した場合、英語話者は絶対に取り合ってくれません。それが単なる誤用以外の扱いを受けることはありえない。I goedが「おしゃれな言い回し」として公的認知を得て、英語の辞書に載る可能性はありません。でも、これが英語話者が言い出したことなら、その言い回しが母語に受け入れられる可能性はある。英語の地層の深みのどこかに、何世紀か前、どこかの場所で、I goedとつぶやいた死者が眠っているのかも知れないからです。

　母語であれば、文法的な破格も誤用も、「わざと」それをしているということがわかる。それが新しいニュアンスを創造しようとして企てられていることはすぐわかる。意図的な言い間違いが、ある種の批評として成立することさえある。自分たちが用いている言語の定型性やイデオロギー性を皮肉るために、わざと「そんな言い方をしない言い方」をすることができる。それが許されるのは母語においてだけなんです。そこに、ネイティブとノン・ネイティブの最大の壁があると僕は思っています。ノン・ネイティブには英語の語彙にない新語を作る権利も、英語にない音韻を発音する権利も、英文法にない破格で話す権利もない。しても単なる誤用として棄却される。でも、イノベーションというのは、本来そういう「隙間」から生まれてくるものなんです。新語とか、言い間違いとか、だじゃれとか。そういう「遊び」は母語話者にだけ許されている。すべての言い間違い、音韻の揺れ、文法的誤用は母語をより豊穣なものにする可能性があるから。

　日常会話だけではないです。小説を読んだり、映画を見たり、音楽を聞いたり、神社仏閣を訪れたり、歌枕を旅したりといった経験を通じて、母語的なものは僕たちの体の中に絶えず血肉化して蓄積される。それが「言語の土壌」を形成して、そこから芽が出て、葉が出て、花が咲き、実がなる。母語だけが言語の土壌となりうる。でも、今の英語教育論のうちにこの言語の土壌の豊かさや生成的機能について語るものはほとんど存在しません。ひたすらコミュニケーション・ツールとしての英語の有用性を言い立てているだけです。

　英語を国際共通語にしようとしている最大の主唱者はもちろん英語圏の人たちです。彼らは母語が国際共通語であることから政治経済文化のすべての領域で圧倒的なアドバンテージを賦与されているわけですから、その特権を

手放そうとしない。彼らにすれば自己利益を最大化するために当然のことなんです。でも、それはわれわれ非英語話者のハンディを利用することによって得られたアドバンテージだということは忘れない方がいい。

●英語ができないことが圧倒的なハンディになっているということ

鳥飼 当然ながら、英語が共通語になれば英語母語話者が得をするからですよね。なぜそこに気が付かないのか、私はよくわかりません。私たち非英語母語話者がどれだけ損をしているか、少し考えればわかります。
内田 国際会議に出て発表するとき、日本人たちは、誰でも足が震えるような思いをしているじゃないですか。
鳥飼 論文を投稿するのも英語です。
内田 英語で話せないというだけで、学問的な業績評価が下がることがある。これはハンディという以外にありません。
鳥飼 ハンディです。そこを突いたのが、カチュルー（Braj Kachru）というインド出身の言語学者です。彼の言う World Englishes「世界の英語たち」は、そこを突いています。「何で英語がアメリカ人やイギリス人のものでなければいけないのか。その時代はもう去ったでしょう」「英語は世界中の人間が使うので、非母語話者の英語を尊重して当然だ」というところから始まっています。

●言語は死者と共有しているものだという観点がない

内田 僕もそのアイディアは悪くないのかなと思っていたことがありましたけれど、ワールドイングリッシーズにしてみても、シングリッシュにしてみても、そこから花が咲いて、実がなるような土壌になるのかどうか。
鳥飼 土壌は植民地であったという歴史です。
内田 そこから何かが生まれるとしても、ずいぶん時間がかかると思います。シングリッシュの文学があり、シングリッシュの音楽があり、シングリッシュの演劇があり、そういう文化的な作物の堆積があれば、100年後や150年後には、それは「ワールドイングリッシーズ」の1つにはなるだろうと思います。でも、そのためには、シングリッシュによってしか語ることの

できないような思念や感情があり、それを言語化できたことによってシンガポールの文化が現に豊かなものになったという事実が必要なんです。そのときはじめてシングリッシュは「ワールドイングリッシーズ」の１つに数え入れることができる。その言語が存在したことによって、その言語がなければ人類がついに知ることのできなかった観念や感覚が言語化された場合にのみ、その言語は「生きた言語」だったということになる。

鳥飼　なればですね。

内田　でも、残念ながら、そうはならない。インドで英語を話す人たちはいますけれど、では「インド英語」固有の文化があると言えるのか。シングリッシュ話者たちにしてもシンガポール英語固有の文化として「これ」があると言えるものを示せるのか。標準的な英語では決して表現できないがシングリッシュであれば表現できる意味というものは確かにあるのでしょうけれど、その文化的堆積の厚みがまだまだ足りない。あと百年はかかるでしょう。日本でもそうです。日本人しか話さないジャパニーズ・イングリッシュというものが現にあって、それによって表現できない意味が存在すると言い得るでしょうか。僕は言えないと思う。

　ですから、世界各国それぞれの「ワールドイングリッシーズ」を語っているからみんな同等なんだということは言えないと思う。アメリカン・イングリッシュとジャパニーズ・イングリッシュはどちらも「英語の変種」であって、等権利的であるとは決して言うことができない。アメリカ英語の話者たちは膨大な数の死者たちを母語集団に含んでいる。時間軸を貫く垂直方向が言語内に存在して、汲み出しても汲み出しても汲み尽くせないほどの巨大な文化的埋蔵量を誇っている。死者たちの言語的経験のすべてが培養基になって、言語が日々成長してゆく。でも、日本人の英語にはそれを共有すべき死者がいません。「ジャパニーズ・イングリッシュ」をおのれの母語とし、それでしか語り得ないことを語り得て、それによって人類に文化的な贈与を果した死者を僕たちは持っていない。言語というのは時間軸の上にも話者が存在しており、文化的に最も豊かな部分は死者と共有しているのだという観点が日本の英語教育論にはないです。

鳥飼　全くありませんね。

内田　国語というのはそういうものなんです。われわれは言語を死者と共有している。日本語は、死者と共有している言語資源については、ほとんど世

界一の厚みを持っています。千年前に「源氏物語」が書かれている。英語話者たちがまだ森の中で暮らしていた時代に王朝文学がすでに完成を見ていた。垂直における深みでは英語を圧倒している。

その母語が持っている厚みや深み、死者たちからの贈り物である豊かな言語資源が自分たちの中にあり、それが全部アクセス可能であるにもかかわらず、その言語資源を捨てて、「自国の言語や文学や歴史を学ぶ時間があれば、英会話をやれ」というのが現在の英語教育戦略でしょう。

鳥飼 今の日本は、「それがグローバルだ」と言って、すっぽりそこにはまっています。

●「グローバル化」の黒幕

内田 これをあおっているのは、財界であり、グローバル企業であり、その背後にいるのはヘッジファンドや海外の投資家です。

鳥飼 そういえば、政府の教育再生実行会議で議論を引っ張ったのは楽天社長の三木谷（浩史）さんだと聞いています。

内田 そうです。こんなことをやるのはみんなグローバリストです。

鳥飼 そうですね。「日本がどうなっても、グローバルに行きたい」という。

内田 今の日本で、社会的格づけが高い人は機動性の高い個人です。機動性が高い人間というのは、日本列島以外のところでも暮らせる人のことです。英語が話せて、海外に住む家があって、海外にビジネスネットワークがあって、「日本語がなくなっても、日本文化が絶えても、日本列島が沈没しても、別に困らない」という人たちがドメスティックに最も高く格づけされる。それがグローバル社会化です。自分の国なんかなくなっても別に困らないと思える人間がどこの国でもグローバル化の尖兵になっている。彼らが日本の政治の方向を決めている。

鳥飼 そういう人を育てようとしているのですね。

内田 いや、学校が育てることを求められているのは使い捨て用の「グローバル人材」であって、エリートではありません。

鳥飼 でも、建前としては、「グローバル人材育成」が強く言われて、その影響は高校にも大学にも及んでいます。今の若者の内向きは困るということで、高校生から留学させ、海外体験のある人材を増やそうとしています。

もっとも「同年齢の10％」という数値目標[3]を出しているので、やっぱりエリート主義ではありますね。

　それと最近、気になっているのが、「もう日本の大学なんか捨てちゃえ」という空気が感じられることです。東大を捨ててハーバード大学に行った学生が大々的に取り上げられて、「わー、よくぞやった。そういう人材よ、育て！」ということですが、よく考えるとこれはおかしいことで、そんなことを喜んでいる場合ではないと思います。

内田　本当にそうです。

鳥飼　なぜ、日本国内の大学を充実させないのかと思います。

内田　最初は「トップ30」と言われていましたけれど、次はRU11（学術研究懇談会）になって、11大学にまで絞られた。今、大学数は日本全体で七百ありますけれど、はっきり言ってこの11大学以外の大学はあってもなくても、もうどうでもいいということでしょう。生き延びられる力があるところは生き延びればいい。生き延びられないところは淘汰されるだろう、と。

鳥飼　「潰れるんだったら潰れちゃえばいい」という…。

内田　そうですね。むしろ、できるだけ大学の数は減らしたいというのが財界の本音じゃないですか。いくら最近の大学生が勉強しないと言っても、4年間就学機会があれば、何かのきっかけで知的好奇心が点火するということはあります。でも、高等教育の就学機会そのものを減らす方向に向かうわけですから、これから日本人の学力はどんどん下がっていきます。

鳥飼　下がりますよね。

内田　たしかに、大学の数が減って、入学試験が難しくなれば、大学生の平均学力は上がるでしょう。けれども、教育機会そのものが減るわけですから、日本人全体の平均学力は下がる。文科省が音頭をとって、国民を階層化して、教育資源も「選択と集中」で費用対効果の高い使い方をしようと、そういう理屈なのです。貴重な教育資源は少数のエリートに集中させる。努力をする気がない連中は低学歴・低学力・低賃金の労働者になってもらう。それは国の責任ではなく、自己責任だ。そういう考え方だと思います。

鳥飼　そのとおりだと思います。残念ながらそうなっています。それが英語教育にはっきり表れています。

●言語は差別化指標

内田 言葉というのは差別化機能においては、肌の色とほとんど同じなんです。肌の色を見るだけで人種の違いは識別できます。言語はその意味では肌の色と同じくらい効果的な識別指標なんです。言葉は一言話しただけで、その人の出身地域も、出身階層も、学歴も、教養も、社会的地位も暴露してしまうからです。

　母語だと多少はごまかしも利くかも知れませんが、英語の場合は、「話せる話せない」がカラオケの点数のように一瞬で数値化できる。1分間話せば、「この人のスコアは何点」かわかる。ですから、人間を格づけするときの指標として、英語ほど使い易いものはない。

鳥飼 簡単で、しかもみんなの抵抗がありません。

内田 そうです。

鳥飼 「あの人は上手なんだから、それはもうしょうがない」という感じ。

内田 英語が上手だったら自己努力もしているだろうし、家庭環境もよかったのだろうということで、それだけで高い格づけをされる。『マイ・フェア・レディ』という映画は、冒頭でヒギンズ教授が登場してきて、ロンドンの街角で、出会う人たち1人1人に一言話させただけでその人の出身地を言い当てるという特技を披露します。

鳥飼 言語学者ですからね。

内田 「あなたはインドにいましたね」とか、「あんたはオックスフォードでしょう」と次々に当てていって、みんなから嫌がられる。でも、彼はその能力を自慢しているわけじゃないんです。一言口をきいただけで出身階層も学歴もわかってしまうというのは「言語による差別（verbal distinction）」だと言って怒っているんです。それが「イギリスの病気」なんだ、と。そんなことにならないように、すべての人が「正しい英語」を話すようにすれば、イギリスでも社会的平等が達成されるんじゃないか。ヒギンズ教授はあれで

も社会の平等化を願っているんです。それが花売り娘のイライザに言語教育を施す動機なんです。

ヒギンズ教授は言語が階層差別のツールとして使われている実情を何とかしたいと願っているのに、今日本でなされようとしている英語教育はその逆ですね。明らかに誰も文句が出ないような差別化指標として英語を採用して、これによって日本社会の階層化を効率的に押し進めようとしている。子供の頃に英語ができなかったら、その段階で「英語ができないから、おまえは社会の下層に位置づけられても文句が言えないのだ」という諦めを刷り込まれる。

鳥飼　「しょうがないや」となります。

内田　そうなんですよ。英語ができる子供を育てるというより、英語ができない子供の自己評価を下げさせて、低賃金労働者になっても「しようがない」というマインドを形成するための仕組みなんです。ですから、現場で英語教育に当たっている人たちが「こんなことをしたら、英語嫌いを増やすだけだ」と言うのも当然です。

鳥飼　もう既にそうなっています。小学校で英語が嫌いになる子がもっと増えそうです。

内田　小学校低学年ぐらいから英語嫌いになったら、「自分は英語が苦手だし、嫌いだ」という自己評価を自分に刻みつけてしまう。英語は見たくもない。英語の看板も英語のメニューも見たくない、そんな子供たちが階層下位に位置づけられるわけですけれど、「自分は小学校3年から英語嫌いだったから、これは自己責任だ」と自分で納得できるような仕組みを作っている。

● **英語は低賃金労働者を作るシステム**

鳥飼　そうやっていった先に何があるかというと、結局、グローバル経営者

が使いやすい人材を作るということですか。

内田 人材には大きくわけると三層ぐらいあると思います。一番上の人たちは、先ほど言われたように、東大ではなくて、ハーバードとか、ケンブリッジとか、オックスフォードとか、スタンフォードに行って学位を取ってくるような人たちです。向こうで学位を取って日本に戻ってきて、「日本語はよくわからないんだけども」みたいな人たちがさまざまな専門職のトップに来る。

　第二層は、日本の大学を出たり、英語圏に語学留学した程度の英語力の若者たちで、そこそこ英語ができる。上司の命令を正しく理解できる程度の英語力、でも英語でイノベーションすることはできない程度の英語力を持つ人たちが中間層のサラリーマンを形成する。これが何百万人か頭数が欲しい。それが文科省のいう「グローバル人材」です。

　一番下の第三層には、「英語ができないから」ということで自己評価が低くて、当然、学歴も中等教育で終っているので低賃金労働しか選択肢がないという人が来る。これも何千万人か頭数が欲しい。

　グローバリストが欲しがっているのは、中間のグローバル人材層よりもむしろそれになることができなかった第三層の低学歴労働者だと思います。彼らは消費力がありませんから、マーケットとしては全く機能しませんが、その代わり安価な労働力を提供してくれる。日本語しかできないので、日本でしか暮らせない。海外に流出する可能性がない。日本人だから言葉も通じるし、モラルも高いし、社会のルールも守る。政情が不安定な東アジアで操業するよりも、日本で製造した方がほんとうは企業だっていいんです。問題は人件費なんです。日本人労働者を中国人やインドネシア人並みの賃金で使えれば、それが一番いい。今の日本人の時給が中国人程度まで下げられれば、日本に製造拠点を持ってきても国際競争力は十分に維持できる。どうせ操業するなら、言葉も通じないし、生活習慣も違うし、統治も不安定な外国でやるより、日本の方がいい。人件費というハードルさえクリアーできればいい。

鳥飼 助かるわけですね。

内田 そうです。田中（真紀子）大臣の時代に大学の数を減らすという話がはじめて出ましたね。あれは、その前に国家戦略会議で財界出身の委員から「とにかく大学の数を減らせ、学力のない若者に就学機会を提供するのは無

駄だ」という意見が出たのを承けているのです。教育行政が日本の若者の就学機会を減らすという政策を採択したのは明治維新以来初めてのことのはずです。

　国民国家の教育行政の目的は本来ただ1つです。それは国民の教育機会をどうやって最大化するか、です。それが近代化過程ではつねに最優先の政策課題だった。でも、それが放棄された。次世代の日本人1人1人の知性的、感性的な成熟よりも、とりあえず企業が儲かるように大量の低賃金労働者を供給できるシステムを作ることを優先させた。教育行政が財界の要請にここまで屈服したのは教育史上はじめてのことだと思います。

● **ネイティブの特権**

内田　正しい英語を話さなければいけないということは、抑圧的に作用するでしょうね。

鳥飼　だから、みんな話せなくなります。そして、ネイティブスピーカーと称する教師に何だかんだと言われてね。

内田　あれは厭ですね。反論できないから。

鳥飼　そうです。恐縮するわけです。

内田　僕はフランス語が専門だったんですけど、フランス人でも人の話の腰を折って、指を横に振りながら、「チッチッチ、発音が違う」とか「フランス人はそういう言い回しはしない」とか言うやつがいるんです。「いや、発音はいいから話を聞けよ」と言いたくなるんだけれど、彼らにとって会話のコンテンツは二次的なことなんです。彼らは発音の間違いや文法上の間違いを指摘できれば、それだけで知的優位のポジションに立てると思っている。

鳥飼　「鹿は何頭いても deer だ。複数でも s をつけちゃいけない」とかね。

内田　話の本質とは関係ありませんよ。

鳥飼　関係ありません。でも、見ていると、日本人はそういうときに、「アイム・ソーリー」と言って必ず謝ります。「謝る必要はない」と私はいつも思いますが。

内田　ネイティブに対しては「いいから黙って聞け」とはなかなか言えないんですよね。コンテンツと全く無関係な、音韻や表現について話の腰を折り、どちらが会話の主導権を持っているのかをアピールする権利はネイティ

ブにしかないし、彼らはまたそれを実に巧みに活用する。

鳥飼 そうなんですねえ。私は自分が講師をしている英語番組では、それを絶対にしないよう注意していますが、ふつうは「どうして？」「いや、そういうふうに言わないんだ」と言われると黙る。

内田 そのときに、権力関係ができて、知的な位階ができてしまうでしょう。

鳥飼 そうです。全然、知的ではありませんが。

内田 でも、僕たちはそこに知的な位階ができたと思って、つい絶句して、さっきまで話そうと思っていた話が思い出せなくなってしまう。

　福岡伸一先生の本に書いてあったんですが、福岡先生がアメリカに留学している頃にある学会に行ったとき、開会のスピーチでドイツ人の学会長が壇上に上がって、「皆さん、学会にようこそ。この学会の公用語は英語ではありません」と言ったそうです。学会員がびっくりして、会長が次に何を言い出すのかと思って注視していたら、「この学会の公用語はプアイングリッシュです」。（笑）

鳥飼 いいですね。「下手な英語」poor English が公用語ですか。（笑）

内田 いい話ですよね。「プアであることがデフォルトなんだから、発音のことも細かい文法規則も気にしないで、とにかく言いたいことをどんどんしゃべってくれ」と。これは科学者らしい、実に腹のすわった発言だなと僕は思いました。

鳥飼 そうですね。それはいいですね。

内田 たしかに自然科学の領域では英語がうまいとか下手だとかいうことはどうだっていいんです。創造的なアイディアが出やすい環境をどうやって作るかということの方がずっと優先順位の高い問題なんですから。言語による格づけがあるとコミュニケーションの妨害になるなら、それはしない、と。これは自然科学における「知的な土壌」が母語の運用能力とはあまり関与していないからできることなんでしょう。できるだけ言語の持つ政治性を抑制しないと自然科学の発達に支障があるということをわかっている。母語からも自由になるし、英語からも自由になるためには、プア・イングリッシュをめざすというのは、科学から政治性を除去するための、すぐれたアイディアだと思います。

● 英語という教科の「悲しさ」

鳥飼　どうしたらいいでしょうか。こういう状況は、これからの子どもたちを本当にだめにします。

内田　先生も気の毒だし、子どもも気の毒です。

鳥飼　そうです。子どもは本当に気の毒です。内田さんが書かれた、英語という教科の悲しさです。「悲しさ」という表現は使っておられませんでしたが、私が読むと悲しいです。つまり、「英語をやればこういういいことがあるよ」という報酬がニンジンのように目の前にぶら下げられて「やれ」と言われるから、だから子どもたちはみんな嫌いになるという。あれは、もう2、3年くらい前におっしゃっていたことですか。

内田　そうですね。「達成目標」という言葉がありますが、学校教育においては達成目標をあらかじめ示しておいて、「努力するとこういう報奨がある。努力をしなければこういう処罰がある」というかたちで予示すると、学力は必ず落ちます。

鳥飼　そういう知見がもう少し広まってほしいと思います。

内田　多分、その案を書いている人たち自身が秀才で、「飴と鞭」でひた走ってきた自分自身の学習体験を成功例として総括しているからでしょうね。

鳥飼　そういうことですか。

内田　自分自身の学習体験を失敗だと思っていたら、こういうアイディアは出てこないと思いますよ。大阪の橋下徹市長が典型的な例ですが、努力した人間には報奨を、しなかった人間には処罰を与えるというルールで人間は最大の努力をするという経験則を本気で信じてます。

鳥飼　それは、普通の人にとてもわかりやすいですよね。

内田　「それは違うよ」と言っているんですけどね。

鳥飼　違いますね。

内田　達成目標と報奨をあらかじめ示した場合、人間は最小限の努力でその目標を達成する方法を必ず考える。当たり前なんです。それが一番合理的なんですから。

　大学の授業の場合も、何点取れば単位もらえますか、授業は何回休めますかって、授業の始めの時間に必ず訊いてくる学生がいます。最低の学習努力

の数値の開示を要求するんです。ミニマムが知りたい。ミニマムで単位を取ることが賢い学習方法であると本気で思っているからなんです。単位を取ることを買い物するのと同じだと思っているからなんです。一番安い値段で買うのが消費者の権利でありかつ義務であるように、学生たちは最低の学習努力で単位を取ることを学生の権利でありかつ義務だと思っている。60円で買える商品に100円出す消費者はいません。60点で取れる単位に100点取る必要はない。

鳥飼 そういう発想になるのですね。

内田 ミニマムの代価で価値あるものを獲得するというふるまいは彼らの中にもう義務として刷り込まれているんです。費用対効果しか考えてはいけないと教え込まれている。ですから、「3週間でTOEICのスコアを100点上がる」という参考書の横に「2週間で100点上がる」という本があったら、みんなそっちを買うし、「1週間で100点上がる」という本が出たらそっちを買うし、「何もしないで」という本があれば、そっちを買う。(笑) 当たり前なんです。一番少ない学習努力で目標に達することが一番賢い生き方だとみんな信じ込んでいる。そうやって学力が底なしに劣化している。

●参照枠を到達目標にしてはいけない

鳥飼 達成目標についてですが、ヨーロッパでCEFR (ヨーロッパ言語共通参照枠)[4]という言語能力を測る共通の参照枠というものを作っています。これは、欧州評議会が40年くらいかけて作り上げたものですが、非常に精緻にできていて面白いです。

言語を5技能に分けていますが、普通の4技能プラス、5つ目にインタラクション (interaction やりとり) が入っていて、どの言語にも使えます。ですから、「スペイン語で私はこのレベル」、「英語では、このレベル」と言うと、「この人はこの言語では大体このくらいできるんだな」とわかります。

しかも、同じ言語の中ででこぼこを認めます。読むことはできるけれども書けないとか、書くことはできるけれども話せないとか、いろいろありますが、それをCan Doという能力記述で、何がどのくらいできるかを表せるようになっています。

最近、文科省がそれを導入しましたが、日本は採り入れるとすぐに日本的

にローカライズしますね。その仕方がすごいです。東京外国語大学が科研費でCEFRの日本版（CEFR-J）を作り、ヨーロッパから専門家を呼んで発表する研究会がありました。

　恐らく中・高の先生だと思いますが、聴衆の1人が手を挙げて、「すばらしいですね。小学校ではこの段階、中学ではこのレベル、高校ではこのレベル、大学ではこう、というふうに到達目標にしてしっかりやれば、これは一貫した英語教育になります」と発言しました。すると、ヨーロッパから来た2人の研究者が、「CEFRは評価の尺度であって、到達目標に使うものではない。これを到達目標に使ったら教育は壊れる」と断固とした調子で答えたんです。

　私はその答えに衝撃を受けて、休憩時間に質問したのですが、2人に言わせると「到達目標は各教育機関がそれぞれ独自に設定すべきで、CEFRはそれを評価するために使う指標に過ぎない」と説明しました。その違いはなかなか微妙だとは思いましたが、結局、文科省は、「CAN-DO」[5]を到達目標に使う方針を決めました[6]。そして、今、全国の公立中学や高校は、一生懸命「CAN-DOリスト」を作っています。日本に入ってくるとそうなっちゃうんですね。

内田　何てバカなんでしょうね。自分たちが過去に何十年かやってきた英語教育のどこが失敗だったかについて、どうしてきちんと総括しないのか…。

鳥飼　なぜ検証しないのでしょう。

内田　到達目標を設定して、それに向けて格づけしていっても、いいことは何も起こらない。偏差値というのは同学齢集団内部での相対的な位置の指標だから偏差値を見ているだけではわかりませんが、英語でも絶対学力は確実に落ち続けていますよ。

鳥飼　CEFRの言っているCan Doと日本の文科省がやっている「CAN-DO」は、全然違うものだという解釈をしなければいけないと私は思っています。今、公立の中・高の先生たちは「うちの学校では何をCAN-DOにしようか」ということで、不定詞が書けるとか、動名詞が理解できるとか、そういう「CAN-DO」リストを作ったりしています。

対談　「悲しき英語教育」　121

●複言語主義と多言語主義

鳥飼 ヨーロッパは、「言語の価値は話者数では決まらない」、「どの言語も平等の価値があり人類の財産」、「母語を使うのは基本的人権なのだから多言語を守る」という理念がまず来ます。そして、「複言語主義」[7]と言って、「そのためには複数の言語を学び、お互い同士が理解できるようにしましょう」、究極的には、「相互理解で平和を何とか確保しよう」ということです。

内田 あまりうまくいっていませんけどね。

鳥飼 うまくいっていませんが、努力はしているんですよ。

内田 ヨーロッパを見ていると、なんだか気の毒になるんですけれど、努力をすればするほど、言語の状況は悪化しているように見えます。

鳥飼 でも、EUの理念として、言語と文化の多様性を認めるのが前提でしょう。内田さんは多言語が共存することの難しさをご指摘なのでしょうが、私が言っている複言語主義は、言語教育の理念なんです。多言語主義とは違うものです。多言語を守るために「国内のマイナー言語でもいいし、川の向こうの言語でもいいから、自分の母語とは違う言語を2つ学ぼうよ」ということです。

内田 「学ぼうよ」ということの前提には「違う言葉だ」という差別化があるわけですよね。ベルギーのように小さな国でも、今は6つも公用語があります。

　ヨーロッパを見ていると、多文化・多様性の尊重というところから始まった運動が、わずかな指標で細分化して、より小さいより純度の高い共同体を求めて縮減し、結果的に共同体そのものが解体的危機にさらされている。最近はヨーロッパの小国の方にその傾向が顕著ですね。デンマークやベルギーやオランダのような、のどかな小国でも言語的な分裂が起きている。それが移民排斥や極右の反EU運動の流れともどこかで共振しているような気がします。多様性と分裂は表裏一体なんです。多様性の尊重という政策はよほどていねいに扱わないと共同体の分裂という最悪の事態を招来することがある。

●言語を恐れない日本人

鳥飼 それはありますね。ただ、日本はそういう現実をもっと知ったほうがいいと私は思っています。なぜなら、その現実があるので、ヨーロッパ人の言語に対する意識は鋭いです。言語を侮っていない。

内田 それで殺し合いをした歴史がありますからね。

鳥飼 そうです。そういう点では日本はとても能天気で、言語に対する感性が鈍いというか、言語を恐れていない。

内田 ヨーロッパの国は、言語の政治性についてはっきりわかっていますね。戦争に勝った国の言語がその地域の標準語・公用語になるという事実を身にしみて知っている。イタリアなどは、かつてはラテン語が世界の共通語だったのに、今はローカル言語になっている。フランスもそうです。ほんとうに少し前までフランス語は国際共通語の外交語だったのに、今は英語に圧倒されて見る影もありません。

鳥飼 あれは、国力と相関しています。

内田 国際共通語度は国力と完全に相関してますね。

鳥飼 そうですね。

内田 ですから、フランスは自国の国際的影響力を保持するために、かつての植民地であるベトナムにおけるフランス語教育を国策的に支援して、長期的な言語戦略を採用していますね。

鳥飼 そういうことですね。

内田 僕が聴いた話では、ベトナムの公立小学校は、5分の1がフランス語教育だそうです。2割の子は初等教育からフランス語で教育を受けられる。ベトナム人の先生がフランス語で授業をするのです。

鳥飼 アフリカの旧フランス植民地もそうです。

内田 植民地では比較的心理的抵抗が少ないんでしょうね。そうすると、中学校・高校卒業の段階で「ベトナム語しかできない子たち」と「日常会話ではベトナム語、学術用語はフランス語」というバイリンガルの子たちと二分化される。バイリンガルの子供は進学の選択肢の数がはるかに多い。彼らにはフランスでもベルギーでもカナダでも、世界中のどこのフランス語圏でも高等教育を受けるチャンスがある。でも、ベトナム語で教育を受けた子供たちはベトナムから出ることができない。そうやってフランス語履修者たちは

留学後にベトナム国内で高いポジションを得るようになる。ですから、あと何十年かすると、政治家、外交官、ビジネスマン、学者の多くがフランス語が話せて、フランス人の知友が多く、フランスに親近感を持つ人たちで占められるようになる。フランスはそうやって言語的な植民地を作るために半世紀、一世紀かける計画を立てている。このあたりに植民地国家としてのキャリアの厚みとすごみを感じますね。

●タゴールの「悲しみ」

鳥飼 そうですね。ベトナムではありませんが、アウンサンスーチーさんがノーベル平和賞を受賞したときの演説は完璧なイギリス英語でした。すると、それを聞いたアメリカ人が「植民地だったことがよくわかるな」と言いました。

内田 そうですね。

鳥飼 あまりにもイギリス英語なので、「植民地だったことが透けて見える」と言って、「そうか。そういうことをすぐに感じるんだな」と思いました。

内田 植民地の悲しみは、宗主国の言語ができなければ出世できないし、うまかったら、「植民地の人なんだ」とわかってしまうことですね。

鳥飼 アジアで初めてノーベル文学賞を受賞したタゴールという文学者は、自分の書いた詩を自分で英語に訳して出版しましたが、晩年になって親しい友人に送った書簡を分析した研究によると、自分の詩を英語に訳したことについて自己嫌悪に陥っています。英訳では微妙に宗主国イギリスに擦り寄っているんですね。

「自分はベンガル語だけで書くべきだった。自分の言いたいことはベンガル語でしか言えないはずだったのに、英語で書いたことを悔いている」と書いている。そういう悲しみは、今の日本人にはね…。

内田 旧植民地の悲しみを日本人はわかっていませんね。日本人は、帝国主義的な植民地になった経験がないので、わからない。だから平気で「フィリピンの人はいいな、みんな英語ができて」というようなことを言う。

鳥飼 「インド人はいいな」と言います。

内田 アメリカがフィリピンを植民地化するために何十万人殺したのかも知らない。

● グローバル化＝シンガポール化？

鳥飼　では、植民地になればよかったのかということになります。
内田　いや、本当にそう思っている人がたくさんいますよ。特に、今、日本の政治家やビジネスマンはシンガポールを成功モデルに採っているので、英語教育もシンガポールを理想的な成功例だと語る人、たくさんいますよ。
鳥飼　そう考えないといけないのですね。
内田　アジアで英語教育が最も成功しているのはシンガポールですから、シンガポールみたいにしたらいい、と。シンガポールは中国の福建省の辺から来た移民たちが作った都市国家ですけれど、子どもたちはもう中国語が話せない。だから、家の中にいても、祖父母と孫がコミュニケーションできないというようなことが起きている。
鳥飼　それでいいんだと。
内田　それでいいという判断なのでしょう。ベトナムもそうです。ベトナムも、固有の文字を捨てて、アルファベットの表音文字に変えたので、今のベトナムの子たちはもう昔のベトナム文字が読めない。祖父母の代の手紙や日記も読めない。ベトナム文化も長い歴史がありますが、19世紀以前のベトナム文学作品や歴史史料も現代語・現代文字に翻訳しなければ読めない。
鳥飼　そうですか。
内田　前にベトナムの青年と話したときにそう言ってました。「われわれは得たものもあるが、失ったものも大きい。祖父母が書いたものが読めない。寺院に行ったときに扁額や由来が読めない。2世代前の文化と断絶してしまった。たしかにその代償に国際共通語にアクセスしやすい言語は手に入れたけれども、失ったものの方が大きいような気がする」と。
鳥飼　そろそろ日本もどちらを取るか、「そっちへ行くとこうなりますよ。こっちへ行くとこうなります」と言って、住民投票でもしたらどうでしょうか。そうしないと、「グローバル、グローバル」と言いながら、知らないうちにそちらへ行ってしまうのではありませんか。
内田　日本の場合のグローバル化はシンガポール化だと思います。
鳥飼　そういうことなのですね。今、日本国民に聞いたら、「それでいいです」とみんな言いますかね。
内田　シンガポールは、一党独裁の国です。野党も事実上存在しないし、反

政府系のメディアは存在しないし、労働運動も学生運動もない。反政府的な言動をした人は、国内治安法で令状なしで逮捕・拘禁される。でも、国家目標の「経済成長」のためには、一党独裁は極めて効率がいい。日本のグローバリストは日本もああいう国にしたいんです。だから、彼らが提言してくるシステム改革はだいたいが「シンガポール化」路線ですよ。

鳥飼 そう考えるとわかりやすいですね。わかりやすいですけど、嫌ですね。これはどうしたらいいでしょう。英語教育の目的どころの騒ぎではありません。でも韓国では、英語教育重視が少し行き過ぎたと言って、一般人あるいはメディアの間で少し反省が出てブレーキがかかりつつあるようです。

内田 韓国の人たちはやることが激しいですよね。グローバル化だということになると、いきなりグローバル化してしまう。行きすぎると、また揺れ戻しも激しい。韓国人しかいない国内学会でも今は英語でやるんだそうですよ。

鳥飼 それって日本も同じですよ。高校の英語の先生たちの研究会や学会に行くと、日本人だけですが英語でやっています。私は、英語で講演をして下さいと頼まれると、「日本語がわからない先生方がどのぐらい出席なさいますか。ALT（外国語指導助手）が来るんですか？」と聞くんです。たいていは「いや、来ません。日本人だけです」という答えなので、「それなら、私は日本語でさせていただきます」と言い、仕方ないという感じになりますが、ほかの人はみんな、「レディース・アンド・ジェントルメン、レット・ミー・イントロデュース・プロフェッサー・トリカイ」とかやっています。

内田 韓国の場合は、自然科学や社会科学の学会でも、英語でやるみたいですよ。

鳥飼 あ、全部ですか。

内田 英語ができないと学校の先生になれないという査定システムにすれば、たしかにみんな必死になって英語をやるでしょうね。聴いた話で一番すごかったのは、マンションの公用語が英語という話。

鳥飼 それは、どういうこと？

内田 ソウルの郊外にあるヤングエグゼクティブが住んでいるマンションの中にはマンション内公用語が英語というところがあるそうです。ですから、英語ができない人はそのマンションでは暮らせない。「燃えるごみは水曜日ですか」というようなことも英語で言わないと管理人が返事をしてくれな

い。

鳥飼　そのうち日本で流行りそうですね。

内田　英語はできるできないの格づけが一瞬でできますから、階層化指標としてはほんとうに使い勝手がいいんです。「高い社会階層の人は英語ができなければいけない」というルールになると、住むところさえもそうして格づけされる。

鳥飼　その話は内緒にしておいてくださいね。きっと誰かがやります。

内田　もう港区辺りにないですか。

鳥飼　「東京の六本木のナントカマンションは、英語のできる人しか入れないんだって」とか。

内田　また、建物内の表示を全部英語にするとか、マンションのあれこれの規則が全部英語表記だったりとか、しそうですね。「ここは外国の方が多いもんですから」と言われると反論できませんから。そうやって隠微な仕方で英語できる人間とできない人間を差別化することはもう始まっているんじゃないかな。

●翻訳文化の衰退がもたらすもの

内田　ベトナムにしても韓国にしても、漢字を捨てた段階で、覚悟を決めた。二代前の同国人の言葉をもう読めなくなってもいいという決断をした時点で国際共通語に向かう以外にもう後がなくなったわけです。前に進むしかない。背水の陣です。日本はその中にあって、まだかろうじて漢字と仮名のハイブリッド言語を守っている唯一の国ですから。

鳥飼　それでも、明治以来、「ローマ字にしよう、英語を公用語にしよう」という考えも一時は出て、「漢字とか、ああいうのはやめちゃえ」と言った文部大臣がいましたよね。

内田　英語公用語論を語った森有礼は非常に見識の高い人だったと思います。強国の言語が国際共通語になるという言語の政治性を熟知していた。明治初期の日本語が置かれていた劣悪な言語環境を考えると、日本の植民地化を防ぐためには、日本語を捨てて公用語を英語にして、一気に学術のレベルを世界標準まで上げるしか生き延びる方法はないとほんとうに覚悟していたんだと思います。当時森が採用を検討したのは、時制もないし、活用もない

非常にシンプルな、ベーシック・イングリッシュに近いような英語だったようですけれど、英語化しなくて済んだのは、明治初期の知識人たちが超人的な勢いで翻訳をしたせいで、日本語で世界標準の学問ができるようになったからです。

鳥飼　あの翻訳主義は圧巻です。

内田　あれは世界に誇るべき業績ですね。

鳥飼　新しい事象には新たな語彙をどんどん作って日本語を拡張したくらいです。明治の近代化に翻訳は大きな役割を果たしました。

内田　どんなに長い英語やフランス語もドイツ語の単語も漢字2語に置き換えられるわけですから。翻訳の難しいところは、母語に存在しない概念を導入するときに、母語の構造を壊さなければならないことです。それに対してはやはり心理的抵抗が働く。ふつうは自国語に存在しない概念を1つでも受け入れると国語の構造全体に影響が出ますから。でも、日本語は初めからハイブリッド言語で、土着の話し言葉の上に漢語が乗っている。コロキアルな土着語と文語的な外来語のハイブリッドですから、翻訳作業と言っても事実上ヨーロッパ言語を漢語に置き換えるだけのことでした。外来語を外来語に置き換えるだけなので、母語的基盤には手をつけずに翻訳ができた。もとのスポンジケーキは同じものを使い回しして、トッピングを替えたようなものです。

鳥飼　そういうことですね。

内田　明治の翻訳というのは、ですから実情はヨーロッパ語の漢訳なんです。

鳥飼　漢語ですね。今は漢語にするのも面倒になって、片仮名に全部置き換えています。

内田　そこがいい味なのですけどね。外来語はできるだけ漢語にした方がいいですよ。

鳥飼　トッピングも替えるのが面倒になっちゃったんですよ。

内田　日本語訳は、結局、漢籍の素養と外国語の素養の両方を高めていきましたから。

鳥飼　あれは見事です。

内田　芸術的ですばらしいです。ハイブリッド言語という不思議な国語でしか起きない現象だと思います。清朝の中国は翻訳による文物の採り入れには

失敗しましたね。中華思想では、自国語の概念だけで世界が記述できるということが前提ですから、自国語に存在しない概念に自国語を充てることには痛みが伴うんです。ですから、つい音訳で処理してしまう。でも、音訳というのはある意味では理解することを放棄しているということでもあるんです。日本の翻訳者たちはそうしないで、意味で訳した。ですから、結果的に日本人がヨーロッパの文献を漢訳したものを中国の知識人たちが読むという逆転が起きた。ルソーの『民約論』なんか、中江兆民はまず漢訳して、それから日本語訳したんじゃないですか。

鳥飼　それはすごいことですよね。ですから、これは誇っていいと思います。

内田　日本の翻訳文化は質量ともに世界に誇れる文化資本だと思います。僕自身が翻訳好きなので、特にそう思うのかもしれませんが。ハイブリッド言語としての日本語の特殊性とを考えるなら、日本の英語教育は日本人が最も得意とする翻訳にもっと力を入れていいと僕は思いますけどね。

鳥飼　今は翻訳してはいけないということになりました。ですから英語の授業は基本的に全部英語で教える。英語で教えるということは、つまり、日本語に訳すなということです。

内田　なぜ訳読をしてはいけないのか。よく意味がわからないんです。僕は「横のものを縦にする」という作業がほんとうに好きなんです。こんなに楽しいことはないのに…。

鳥飼　それが、今はしてはいけないということになったので、していません。「してはいけないとは言っていない」と言っていますが。

●オーラルだけというのは、宗主国の戦略

鳥飼　高校によっては訳読をやっているところがありますが、こっそりという感じで堂々とではありません。英語で授業をするのが基本ですから、英語で質問をして、英語で答えさせます。

　内田さんがお書きになったものを読んでいて「うわー、そういうこと！」とうなったのは、宗主国は植民地の人間に対して必ずオーラル言語を学ばせるという指摘です。「オーラルコミュニケーションをさせて、決して訳させない。あるいは、文法や読むということを教えない。なぜならば、宗主国の

人間を上回っては困るから」という、あれはすごい話です。

内田 植民地支配の言語教育がオーラル中心になるのは政治的に当然のことなんです。うっかり読み書きを教えてしまうと、知的な若い子たちの中から教養的に植民地官僚を凌駕する人が出てきてしまうから。現地の子供がシェークスピアを読んでいて、植民地官僚がシェークスピアの名前も知らないという知的な逆転現象が起きるリスクがある。そしたら、支配者たちの知性のレベルがすぐにわかってしまう。

鳥飼 「あなたは意外にばかだったのね」ということになりますね。

内田 翻訳というのは母語的な枠組みからどれだけ知性を解放できるか、その能力にかかわるわけですから、根本的な知力の指標なんです。母語的現実に存在しない他者の観念や感情に共感できる能力というのは、まさに「学ぶ力」そのものなんですから。でも、オーラル中心の教育においては、ネイティブの教員の知的優位性は絶対に崩れない。子供がどれほどコンテンツ的にすぐれたことを言っても、発音を直したり、「英語ではそういう言い方はしない」と言って相手を屈服させることができる。オーラルの言語教育をしている限り、宗主国民の知的アドバンテージは揺るぎません。

鳥飼 さっきの「チッチッチ」というあれですね。

内田 オーラルだけしか教えない、文学や歴史を教えないというのは、植民地帝国の言語戦略として当然のことなんですよ。

鳥飼 それを考えなければいけませんね。欧米で生まれたコミュニカティブ・アプローチは、本来はオーラルだけでなく読み書きも入っているのですが、日本ではオーラル面を強調して会話主体でやってきた。これはよく考えないと。

内田 教育学者も教育行政の人も、「ほかの国でこうだったから」といって模倣するだけで、日本語の言語的特殊性というものをまったく考えたことがない。日本語は植民地主義的な言語戦略の中に置かれながら、固有の言語的特殊性をふまえて、高度の翻訳能力を武器にして近代化を遂げてきた例外的な言語なんです。こんな国は他にない。だから、日本語の最大のアドバンテージは「世界のどこの国の言語でも翻訳できる」という柔軟性と開放性なんです。今の英語教育論はこのアドバンテージをゼロ査定している。

鳥飼 今、ゼロ査定です。というか、マイナス査定しています。

内田 僕は翻訳が好きで、ずっとやってきましたけれど、翻訳の学術的業績

としての評価はほんとうに低い。千ページの本を10年かかって翻訳するより、1月で書いた3ページのペーパーの方が業績としてのポイントが高い。これはあきらかに学者たちに「翻訳をするな」という方向に誘導するための政治的配慮だと思います。だから、英文では柴田元幸さんが1人でがんばっているし、仏文では野崎歓さんが1人でがんばっている。ほんとうに孤立した仕事ですよ。

鳥飼 それはまずいじゃないですか。でも、「うちの大学の英語教育は翻訳を重視します」と言ったら受験生は来てくれないので、生き残りをかけるのであれば、「ネイティブ教員は何人そろえています」とか、「英会話を教えています」とか、「留学？ ああ、いたします」と言わざるを得ません。ですから、やはりこれからが怖いです。他の外国語を学習した人材が育っていません。

内田 そうですね。

鳥飼 各言語ができる人材はそろえておかなければだめです。現代は実質的に多言語社会なのですから。それが、本当の意味でのグローバリゼーションだと思います。

内田 翻訳の相手になるテクストはしばしばこちらの理解を拒絶するものなんです。手も足も出ない巨大な岩みたいなものが立ち塞がっている。それをこつこつと手にしたノミで打ち砕くようにして突き崩してゆく。その作業のためには、そのテクストを書いた人の生活習慣とか、信仰している宗教とか、食文化とか、自然環境とか、そういうものを知らないと始まらないのです。そういう周辺からじわじわと攻めていって、ようやくそういう自然環境、歴史的条件の下にいる人が何を考え何を感じる可能性があるかということに思い至る。つまり、翻訳のターゲットは「自分の手持ちの価値観や度量衡を以ては理解できないもの」なんです。はじめは理解できなかったけれど、こつこつやっているうちに、岩がぱかっと割れるように腑に落ちる。それは他者を理解できたというよりは、翻訳者自身が別人になったということなんだと思います。そして、外国語を学ぶことの意義って、最終的にはそこに尽くされると思うんです。

　理解できないものを理解するためには、20年とか、30年とかいう単位での時間を要します。僕の場合は、エマニュエル・レヴィナスというフランスのユダヤ人哲学者のテクストが相手でしたが、長期的に集中的に1人の人間

の書いたものを翻訳していると、日本人としての母語的現実の中にいる限り絶対に実感することのできないホロコースト期のユダヤ知識人の固有の心情や屈託がだんだん身にしみてくる。そういう長い時間をかけた読解作業はほとんど「写経」に近い経験でした。でも、そういう忍耐強い経験を通じないと決して到達できない知性的、感性的な境域というものが存在する。

鳥飼 そうですね。

内田 そういうものが実際に世の中を動かしているんです。ある国、ある社会の政治システムや経済システムを決定づけたり、価値観や行動規範を決めているのは、実は国際共通語に「乗ってこない部分」ですから。

鳥飼 水面下にある根強いものですよね。

内田 それなんです。言語の水面下にあるものが、世界を動かしている最も強力なファクターなんですけれど、そこに手を届かせるためには長期にわたる知的な集中が必要なんです。

鳥飼 今の日本の方向で行くと、そこに届かないような人材ばかり育てることになります。

内田 国力が衰えていきます。英語圏からすれば、非英語圏の知的な力が落ちてゆくことは彼らの覇権を恒久的に維持するためには不可欠のことなんです。知力が衰えれば政治力も軍事力も経済力もすべてがいずれ衰えてゆきますから。言語による世界支配というのは、ほんとうに有効なんです。

鳥飼 そこに気が付かなければいけませんね。英語教育についても、もっと大きな枠組みの中で考え直す人を何とか育てたいですね。

内田 前に戦争中の日本の植民地についての本を読んでいたときに気がついたのですが、大戦中に日本がインドネシアを支配していたときに、そこで日本語教育をさせているんですけれど、そのありようが今の日本における英語教育とほとんど同じなんです。インドネシア人の教育官僚たちが、「グローバル人材」を育成するための日本語教育を行っている。

鳥飼 へえ。

内田 インドネシア人の多くが、日本語力が十分でないために、日本人との交流において制限を受けたり、適切な評価が得られないといった事態も生じているという話から始まって、インドネシア人に対する日本語教育を抜本的に改善する目的で、「日本語が使えるインドネシア人」育成のための戦略構想を策定しているんです。

鳥飼　それは、今の日本と同じではありませんか。
内田　日本がかつて植民地支配した国でどのような言語政治を行おうとしていたのかを知れば、自分たちがしている英語教育が植民地の言語教育以外の何ものでもないことがわかるはずなんです。文科省の「英語が使える日本人の育成戦略」を読んだら、英語話者はげらげら笑うと思いますよ。おい、そんなことをしてたら、あんたたちの置かれている植民地的現実を強化するだけだぜ。まあ、こっちはその方がありがたいけど、って。
鳥飼　いいのかと思いますよね。
内田　どうでもいいことにこんなに時間をかけたと。
鳥飼　膨大な時間をこれからも公教育で費やすことになるんでしょうね。教員も。子どもたちも。

●逆上がりができて跳び箱ができれば、入社試験に通るのか

内田　このままでは英語嫌いが大量に出てくる。英語学力の平均値はどんどん下がっていきますよ。
鳥飼　下がりますよね。
内田　どんな時代にも、英語がほんとうに好きで好きでたまらないという一握りの子供たちがいるでしょうけれど、それ以外は功利的な理由から、とにかく英語さえできれば日本社会では社会的上昇に有利だということで、ほかの教科は捨てても英語だけやるタイプの子供が残るだけでしょう。
鳥飼　一部の企業はそれに気が付き始めています。一時TOEICがはやって、TOEICが730点以上でないと採らないとか、昇進させないとかやっていましたが、その中の企業が少しずつ、「おかしいな。鳴り物入りで高得点のTOEIC保持者を採ってみたら、さっぱり仕事ができない」。当たり前でしょう、と思いますけど。
内田　英語運用能力と実務能力が相関するはずないじゃないですか。
鳥飼　「仕事の能力が測れると思っていたけど、ちょっと違うようだ」と少しなってきたようです。
内田　体育の能力と同じなんです。「逆上がりができて、跳び箱ができる人」を採ったら、たしかに鉄棒や体操はうまいが、商売はできないということはあるわけで。そんなの当然なんです。関係ないんだから。でも、関係がある

対談　「悲しき英語教育」　133

資質もある。それは「権力に対して従順」だという点です。先ほどの二番目のタイプです。それをしておけば「ほめられる」ことだけを選択的にするという人間は英語能力基準で人事をした場合に優先的に採用される。だから、イエスマンを採りたいと思ったら、たしかに英語能力でふるいにかけるのは効率的な人事戦略なんです。システムに対して従順であって、どんなに理不尽なルールであってもすぐに最適化できるタイプの人間を採りたいという企業からすれば、英語能力を採用基準にすることには合理性がある。

●発音がよければ内容まですばらしいという幻想

鳥飼 アメリカにOPI（oral proficiency interview）という会話能力を測るインタビュー形式の外国語運用能力試験があるんですね。これは、言語学の専門家が作り上げたもので、試験官になるのもかなり大変な訓練が必要です。

どの言語にも使えますが、英語なら英語で30分以上かけて、試験官と受験者が2人でやりとりします。最初はレベルが低い方のことを話させてみて、次にレベルを上げて質問して話させて、「最終的なレベル」を判定します。すべて面接でやりますが、研究会で模擬面接を見せてもらったことがあります。模擬といっても、受験生には事前に何も質問内容を知らされていないので、限りなく本物に近い試験でした。

大学1年生が受験生で、帰国生らしく、目をつむって聞いたらアメリカ人かと思うような発音でした。先生は、普通にいろいろ聞いたあと、「サンキュー」と言って受験生に出ていってもらって、彼がどのレベルかということを見学者に発表しました。

そうしたら、上級ではなくて「中級の上」です。見学していた先生たちはみんなどよめきました。自分たちの英語力よりはるかに上手な英語を話しているのに、何で彼は上級ではないのか、すぐに質問が出ました。

試験官が言うには、「彼は、確かに発音は見事。イントネーションもアメリカ人と同じようではあるけれども、私の質問に対する彼の答えを思い出してほしい。私は、最初は具体的なことを聞いた。彼は、そこはクリアした。でも、上級レベルでは抽象的な内容を話さなければいけない」。

その試験官は、「あなたは、アメリカ生活が長かったと先ほど言ったけれ

ども、アメリカの教育と日本の教育を比べてどこがどのように違うとお考えですか」と聞いていました。すると確かに、「アー、ユーノー、アー」という感じで、「あわわわ、あわわわ」となっていました。

「あれは全然だめだ。あれは話せたと言えない。それで、自分はもう1回彼にチャンスを与えた」。確かにもう1回聞いていました。「わかりました。で、あなたは、今、コンピューター関係の学科に入って勉強しているそうですけれども、コンピューターの良い面と悪い面について、どう思いますか」。すると、また、「アー、ユー・ノー」になってしまいました。

試験官の評価は、「彼の英語は流暢だけれども、抽象的な内容になると全く対応できない。語彙も足りない。そして、自分で考えて論旨を組み立てることができない。だから、彼は上級ではない」。みんな、「あー」となりました。

私は、その学生と直接話すことはできませんでしたが、彼にもその判定は行くので、相当がっくりしているだろうと思って、彼を知っている先生を通して、「あなたは、英語は上手だけれども、高校までの子どもの英語しか学んでいないので、これからもっと読んで読んで読んで、英語をきちんと学んだらとてもいいと思います」というコメントを渡してもらいました。

そういう違いが日本人には見えないのではないか。発音がよくて流暢だと中身まですばらしいことを言っているように勘違いするのではないか。それは帰国生の大きな弱点で、やはり、自他ともに自分は英語ができると思い込んでいるところに落とし穴があると思いました。

内田 植民地では宗主国の言語を流暢に話す人間に対してはみんながある種の気後れを感じるのは当然なんです。ブルース・リーのカンフー映画「ドラゴン怒りの鉄拳」は日本軍が制圧していた上海が舞台なんですけれども、そこに日本語を流暢に話して、日本の軍部や政商と渡りをつける小狡い中国人が出てきます。こいつが最悪の登場人物として描かれている。主人公の中国人青年から見ると、日本人は単なるワルモノなんですけれども、日本語をぺらぺら話す中国人は「裏切りもの」なんです。だから、一番ひどい殺され方をする。

日本も言語的にはアメリカの植民地ですから、英語がうまいのはプロモーション上有利なんですけれども、英語ができることを誇示して、自国民を侮る人間はやっぱり嫌われる。

鳥飼　そうです。あの屈折した感情は何でしょう。
内田　あの屈折は英語以外の言語では発生しませんよ。中国語が上手な人やインドネシア語が上手な人に会っても、それに対してはただ素直に「上手だね」と言えるけれど、英語の場合だけ「えー、すごいー」という感情的なあこがれや劣等感が伴う。
鳥飼　英語を話す日本人について、「大したことないじゃない」とか、「英語がしゃべれればいいと思って」みたいな評価もあります。ですから、屈折しています。
内田　大きくかさ上げして、下げるときは大きく下げるんです。
鳥飼　それは、英語だけにある特殊現象です。
内田　そうです。英語だけの現象です。これは政治的に構築されたものですから。植民地の言語状況そのものなんです。
鳥飼　植民地になったことはありませんが、メンタリティーとしては植民地ですね。
内田　戦後はずっと準-植民地ですよね。
鳥飼　それが続いているのですね。

●旧制高校は最も成功した教育システム

内田　日本は、1945年8月15日までは主権国家ですから、その頃の日本人の外国に対する感覚も今よりはオープンだったと思います。だから、その頃のほうが日本の知識人は外国語に堪能だったんじゃないですか。

　旧制高校は外国語教育に大きな力を入れていました。だから、高校生たちは十代の半ばから外国語漬けになっていたわけです。実際に読むのも話すのも、かなりできたと思います。きちんと文法もやっているし、大量に読んでいるし、ネイティブの先生も高校にはいて、話す機会もあった。だから、実際に外国に行っても苦労しない程度の語学力は身についていたと思います。

　でも、GHQが学制改革で旧制高校システムをまっさきに破壊しましたね。それもある意味では興味深い。なぜ、旧制高校を真っ先にターゲットにしたのか。それは日本ではもう本当の意味での「エリート教育」はさせないというアメリカの政策的配慮ではなかったかと思います。旧制高校は、日本教育史の中で最も成功した学校教育システムですからね。理科も文科も含め

て少数の少年たちが3年間起居を共にする。この時期にいずれ違う専門分野に散らばってゆくエリート予備軍の少年たちが一緒に暮らしている。すると、「everythingについてsomethingを知っている」というリベラルアーツの基本型ができる。小説も読む、哲学書も読む、政治や経済についても語れるし、物理や数学についても知っているし、スポーツもできる、そういうオールラウンドな知性を育成するのが旧制高校の役割でした。彼らがその後、それぞれの領域での専門家になったあとにも、「医学のことだったらあいつに訊けばわかる」、「数学だったらあいつに訊けばわかる」というふうに、「訊けばわかる」友人たちについての長いリストを手にすることができる。

鳥飼 リベラルアーツ教育をやっていたわけですね。

内田 それがまさにリベラルアーツなんだと思います。リベラルアーツって「つなげる力」ですから。さまざまな専門領域それぞれの意味がだいたいわかるので、自分の専門と他人の専門を「つなぐ」力がある。

鳥飼 教養教育になぜ外国語かということで書いていらっしゃいますよね。要するに、リベラルアーツは「つなげるコミュニケーション」だと。そうすると、外国語は当然入ってきていいですね。

内田 外国語を学ぶというのは、自分たちとはロジックが違う、感情が違う、語彙が違う人と共感する能力を育てることですから当然リベラルアーツの中心になる。外国語というのは、母語的現実という「私の専門」から最も遠い専門領域のことなんです。だから、外国語の文献を読むことの手柄というのは、「こういうことを考えたり、感じたりする人間を私自身は見たことがないが、この広い世界のどこかにはいるのかもしれない」ということが実感できるということなんです。

鳥飼 そうですね。

内田 共感しがたい思想や感情に触れても「こんなことは人間としてあり得ない」ではなくて、「そういうことって、あるかも知れない」、「こういうことに価値を見いだす人もいるかもしれない」、「こういうロジックが整合的だと思う人っているかもしれない」とかいうふうに考えることができる開放性、それが外国語文献の訳読が育成する最良の知的資質なんだと思います。そういう点で言うと、思春期に訳読中心の語学教育をした旧制高校はすぐれた感情教育の実践の場だったと思います。

鳥飼 そうすると、1991年の大学設置基準の大綱化で教養教育をなくして、ほぼ同じ頃から使える英語ということでオーラルに変わっていったのは、最悪の流れだったかもしれませんね。

内田 植民地化の流れでしたね。日本は、かつては日本固有の外国語教育の戦略があったけれど、戦争に負けてアメリカの準‐植民地になったことでそれが一変した。その後にアメリカ主導の経済のグローバル化に最適化する人材作りという要請を受けて英語教育はまた変わった。いずれも大きな政治的な流れの中での出来事です。でも、文科省のホームページで英語教育について書かれた文書の中には「政治」という単語が一度も出てこない。どんな文書も「グローバル化する経済」という現実記述から始まります。なぜ、そのような経済的環境が形成されたのか、それを推進しているのはどのような歴史的ファクターなのか、それに抵抗しているのはどのような政治勢力なのかについては一言も書かれていない。言語について語っているのに、言語の政治性については一言も触れない。それが文科省のルールなんです。外国語教育は徹底的に政治的な現象であるにもかかわらず、言語の政治については「そんなものは存在しない」かのようにふるまっている。でも、グローバル化というのは政治的な事件なんですよ。政治的出来事なんだから、その政治性を問わなければ対処のしようがない。でも、日本の語学教育は言語の政治性については何も問わない、何も語らない。語学教育というのはまったく非政治的なことだと思い込ませようとしている。「英語ができる」というのは「心肺能力が高い」とか「視力がいい」とかいうのと同じく「誰もが求めて当然の能力」だという話から始めている。言語の置かれた環境そのものが政治的に作り込まれているという事実から目を背けています。

鳥飼 確かに。

●プライドを失った日本の教育行政

内田 残念ながら、外国語に限らず、日本の教育行政はもうダメだと僕は判定しています。文科省にはもうどういう教育を行うべきかについての固有の理念も理想もない。ただ政治家と財界の要請にぐずぐず抵抗して、劇的な教育制度の変化を多少先送りにする程度のことしかできなくなっている。それももう何らかの理想を達成するためというよりは、既得権益を守るとか、面

倒なことは先送りしたいという後ろ向きの発想からなされている。政治家がなんといおうと、グローバル資本主義者がなんといおうと、日本の教育はかくあるべきだという原則論を語れるだけの骨がある教育官僚がもういない。

鳥飼 何も言いませんよね。

内田 もう官僚たちはプライドをずたずたにされています。気の毒だとは思いますけれど、こんな事大主義的な教育官僚たちに政策を任せている限りは、日本の教育に明日はありません。でも、現場には生身の教師がいるわけで、彼らは日々子供たちとのかかわりの中で、「教育はいかにあるべきか」について文科省とは違うことを考えている。僕は教師たちが経験的に積み上げてきた集合的叡智を信じたい。文科省に楯突いて、彼らがどこまで自分たちのしたい教育をできるか、ですね。

鳥飼 締め付けが厳しい中で、それができるかなあ…。

内田 でも、闘うしかないでしょう。大阪がいい例です。府や市からの締めつけはたぶん日本一厳しいと思いますけれど、それでも現場の教師たちは創意工夫を手放さないでいる。市長や教委からの干渉と現場の間で激しくしのぎを削っている。でも、お会いした限りでは、現場の先生たちはみなさん元気ですよ。ここまで政治の干渉がひどいことになると、これ以上譲ったら大阪の教育が終わるということはさすがに現場の先生たちもわかっている。

それと並行して、学校教育を側面から支援するような学校外の私塾の活動が全国各地で同時多発的に活性化していますね。僕も大学を辞めて私塾を開いたわけですけれど、周りにも後続世代の育成支援のための私塾を始めた友人知人がたくさんいます。どんどん増えている。僕が創立したのは哲学研究と武道修業のための学塾ですけれど、みんなが自分にできることを教えることでいいと思います。英語教育も学校でやっている文科省が強要する英語教育とは全く違う英語教育をしたいという先生たちがきっといると思いますよ。

鳥飼 いると思います。

内田 そういう先生の英語塾では、学校では英語が大嫌いだった子供が「この先生の教える英語は大好きだ」と言ってわっと集まってくるということも起きると思うんです。

鳥飼 そうですよね。中央集権はもうやめたらいいのかも。

内田 教育のメソッドに関しては、中央集権的であることは結果的に効率が

悪いんです。必要なのはとにかく教育理念、教育方法の多様性です。

鳥飼 多様性ですよね。

内田 子どもたちの数だけ教育法があると思ったほうがいい。

鳥飼 本当にそうですね。日本のように中央集権で文科省が全国を掌握するのは、もう制度疲労が来ているのでしょうか。

内田 もう無理ですね。

鳥飼 個人としては一生懸命やっていますが…。私は、今、1970年代からの英語教育政策を振り返って調べていますが、教育はこういうものだという理念がないまま、ずっと財界に引きずられています。教育理念ではなく、財界の言いなりでここに来てしまいました。これを何とかしようと思ったら、引きずられているところを断ち切るしかありません。そして、自由にするしかない。

　そうすると、ばらばらになってしまうかもしれませんが、このまま行ってしまうより、ばらばらが良いのかもしれません。

内田 僕が中学校に入ったのは1962年ですが、その頃の先生たちの教え方はほんとうにてんで勝手でしたね。先生たちは好き勝手な教え方をしていました。でも、子供たちは今よりもはるかに熱心に勉強していました。1960年代半ばまでは、先生たち自身が徴兵されたり、疎開や勤労動員を経験してきた後なので、「学校で勉強ができるようになって、本当によかったな、おまえたち」という気分が先生たちのほうにもありましたね。空襲や飢えの心配をしないで、学校に毎日来て、勉強できるだけでもう教育目的は十分に達成されているという気分でしたね。

鳥飼 そうでしたか。

内田 男の先生たちはほぼ全員が復員兵でしたから。「生きて帰ってきて、教壇で子どもたちに授業ができるなんて、それだけで幸せだ」という雰囲気がまだ残っていましたね。

鳥飼 先生が幸せって、大事です。

内田　だから、学校に行くのが何だか楽しかったんです。

鳥飼　実は、鬼畜米英で禁止されていたのかと思ったら、戦時中にも英語教育があって、当時の5年制の中学校では、週5時間とか6時間とかやっていたようです。その様子をいろいろ聞いてみてわかったのですが、結局、重要なのは教員です。

　その当時から、「私の先生は、『こういう時代だけども、いまに戦争は終わる。終わったら必要になるのは英語だ。世界で使え』と教えてくれた。だから、英語を一生懸命やりました」とか、「留学をしたときの思い出を語ってくれた先生の話がいまだに忘れられません」とか、そういうお便りをたくさんもらいました。1人1人の教員の影響はとてつもなく大きいです。

　お題目を立てて引っ張っても仕方がなくて、1人1人の英語教員の言語体験のようなものが豊かであれば引っ張っていくことができるし、そうでないとだめになるのだろうと思います。

内田　外国語を学ぶことは、どんな子供たちにとっても、刺激的でわくわくする経験なのだということが外国語教育の原点にあるべきだと思いますけどね。

鳥飼　そうですよね。本当は楽しいはずです。

1　J-SHINE（NPO小学校英語指導者認定協議会）の「小学校英語指導者」資格認定は、J-SHINEの認定を受けた登録団体が主催する「指導者養成講座」を修了し、その団体より「小学校英語指導者」としての推薦を受けることを原則とするとなっています。登録団体にはアルクが入っており、「小学校英語指導者資格認定アルク児童英語教師養成コース」はJ-SHINEの指導者養成講座に認定されています。その内容を見ると、

(1) 通信講座を受講（78,000 円＋消費税）し確認テストなどを受け、(2) 2 日間のスクーリングを受講するか DVD 版「小学校英語指導者資格取得研修講座」（47,000 円＋消費税）を受講、(3) 資格申請し、アルクから J-SHINE 本部に推薦、とあります。他にも登録団体はあるようですが、「J-SHINE 資格取得者総数 40,000 人中、1 万人以上がアルクからの資格取得者です」とのことです。http://www.alc.co.jp/kid/naritai/naru/saiyo/2014 年 5 月 8 日検索。
2 2009 年 3 月告示、2013 年度から施行。「授業は英語で行うことを基本とする」と明記されました。文科省は、英語で授業している各地の授業を録画した DVD を 2 年にわたり制作し全国に配布しました。
3 政府の「グローバル人材育成戦略」(2012) によると、—「18 歳頃の時点までに 1 年間以上の留学ないし在外経験を有する者を 3 万人規模に増加させる」ために高校留学を促進し、「18 歳頃から　概ね 20 歳代前半までに 1 年間以上の留学ないし在外経験を有する者を 8 万人規模に増加」させることで、「合わせて 11 万人規模（同一年齢の者のうち約 10％に相当）にすることが目標」とされています。
4 CEFR「外国語の学習、教授、評価のためのヨーロッパ共通参照枠」
Council of Europe. (2002). Common European Framework of Reference for Languages: Learning, teaching, assessment. 学習者を「社会的存在」として考える行動中心主義（action-oriented）の視点から言語熟達度を微細に分類し、能力記述により言語熟達度を測定しようとする「参照枠」は、個別言語にとらわれずすべての言語に応用することが可能であり、欧州評議会が提唱している「複言語主義（plurilingualism）」の理念を具現化したものです。世界の外国語教育に影響を与え、日本でも CEFR 導入が増えつつあります。
5 CEFR 英語版では Can Do ですが、文科省は「CAN-DO」と表記しています。
6 2011 年文科省『国際共通語としての英語力向上のための 5 つの提言と具体的施策』提言 1「生徒に求められている英語力について、その達成状況を把握／検討する」で、英検や GTEC for students などの活用の他に、「国として学習到達目標を「CAN-DO リスト」の形で設定することに向けて検討を行う」ことが明記され、2013 年「グローバル化に対応した英語教育改革実施計画」では、「英語を用いて〜することかできる」という形式による目標設定（CAN-DO リスト）に対応する形で 4 技能を評価」とあります。
7 EU は、母語を話すことは人間の基本的人権であるとして「多言語主義」を標榜し、言語と文化の多様性を推進してきました。そのような「多様性の中の統一（United in Diversity）」に基づき平和のための相互理解を実現するには、互いの言語を学び合うことが重要であるという認識から生まれたのが、母語以外に 2 つの言語（外国語だけでなく国内の少数言語でも構わない）を習得するという「複言語主義」です。複数の言語を学習することにより、言語同士が相互の関係を築き新しいコミュニケーション能力を作り上げるという「複言語主義」によれば、「理想的母語話者」を最終的な到達目標にするべきではないし、言語学習は学校教育の場で終わらず生涯にわたり続くもので、教育の責任はむしろ「自律した学習者」の育成にあります。

4人組 7.14 講演会での「目的論」をめぐる白熱の議論

　2013年7月14日、東京の郁文館夢学園で講演会「英語教育、迫り来る破綻──みんなで考え、行動しよう！」が開催され、江利川春雄、斎藤兆史、大津由紀雄、鳥飼玖美子の順で登壇しました。講演後、会場からの質問に答えながら、4人で白熱の討論が展開されました。そのうち、英語教育の目的論に関する議論を紹介します。

質問者　高校の教員です。4人の先生に伺います。大津先生は最後に「英語教育の目的の議論を本格的に始めるべき」という提案をされましたが、そこが大事だと思います。まず、私たちは何のために英語を学び、あるいは教える必要があるかということです。恐らくここが混乱しています。
　江利川先生は英語教育の目的を専門に研究、教育されています。そこで伺いますが、かなり古いところで、日教組の「外国語教育の四目的」があります。内容が変遷してきたところもありますが、「外国語教育の四目的」の「3」は、外国語の構造上の特徴と日本語の構造上の特徴の比較をすることによって、日本語をよりよく認識するためにこそ英語を学ぶ必要があると述べています（本書31頁参照）。
　つまり、日本語だけを学んでいたのでは本当の日本語はわからない。比較するという意味で、日本語をよりよく知るために全く違う言語である英語を学ぶことで日本語での思考力も深まるというのが私の意見です。先生方は、その辺の目的をどのように考えておられるかをお伺いします。
大津　では、私から。目的に関してほかの人が言った意見を聞いて、100％賛成ということはまずありませんが、今のご意見には100％賛成です。学校英語教育の本来的目的は母語を相対化するためです。英語が使えるというのは、できればできたでいいけれど、できなくたっていい。実際に英語が必要でない子どもたちはたくさんいます。
　でも、母語の相対化は、英語の運用能力をつけることと無縁ではありません。母語を相対化して、それによってことばの仕組みと働きを理解したら、

これは英語の運用能力をつけるときに決定的な支えになります。この支えなしに外国語環境で英語を身につけようといっても、そう簡単には身につけられません。もちろん十分な練習、繰り返しが必要ですが、その基盤を作るという意味でも母語の相対化はとても重要だと思います。繰り返しになりますがご意見に100％賛成です。

江利川 私も賛成です。大津さんの言われたことに少し加えると、目的論を「外国語が使えるレベルにまで達しなくても学ぶ意義」ということに限定すると、やはり母語が豊かになること、それによってその人の感性や理性、論理的にものを考える力が豊かになることが大切だと思います。

つまり、外国語を学ぶことで日本語を吟味し、鍛錬し、それによって外国語力をさらに高めるための土台がより強くなる。そして何よりも、人間は母語で思考しますから、そのプロセスの中で思考力、さらには感性が豊かになります。結果的に英語がすぐには使いものにならなくても、以上のことが国民教育である中学校や高校で外国語を学ぶ根本的な目的だと思います。それなのに、「使えないからだめだ」と否定するのは、非常に豊かな面をそぎ落としてしまう危険性を持っていると考えています。

斎藤 私は、何のために英語をやるのかを厳密に決めてしまうと、かえってそれに縛られる気がしています。英語をやることに教育的な価値があるということは、恐らくほとんどの人が疑わないと思います。それは、母語を相対化するという意味もあるし、それによって母語による思考が精緻になるということもあるでしょうし、将来、外国に出て実際に役に立つこともあるでしょう。教養的な価値としては、外国の文学などが読めるようになります。人それぞれ目的が違うので、いろいろな目的のために英語を使う…。使わない人もいるでしょう。しかし、そのために基礎を与えておくことが必要というか、そこを強調したいと思います。

「このためにやるんだ」、「今はグローバル人材育成のためになる」と、目的は上から下りてきますが、やはり人それぞれ目的が違うので、それぞれ自身が自分に合った英語力、自分の目的のために英語が使えるような基礎を作ってあげるのが学校教育だと思います。

これは日本的な考え方です。今日はこんなことばかり言っていますが、私は、「何とかのために何かをする」というのはあまり好きではありません。例えば、健康のために合気道をやるのではなくて、合気道をやっていること

自体が健康であることなのです。座禅も、別に悟るために座禅をするわけではなく、座禅で座ること自体が修行であるのです。それ自体が基本的な価値を持っているということを、本当はうまく英語で表現できないといけないのですがね。

大津 斎藤さんから見れば、私はきっと邪悪な人間だと思います。(笑)何かをやるときに、学生にも、「目的・目標をはっきりしろ」と言います。その点をはっきりさせず、好きだからやっているというのは、それこそ邪悪なことを繰り返すだけです。

だから、学校を卒業してから自分が努力をするときに、「何のために」というのは自分が勝手に決めればいいことですが、学校の英語教育となったら目的ははっきりさせるべきだと思うし、東大教授にはそういう認識を持ってほしいと思います。(笑)

江利川 一言だけ。目的と目標を混乱させてはいけません。目標は学習指導要領に書いてあり、目的は「教育基本法第１条」に書いてあります。公教育は法律の枠組みの中でやっています。「教育基本法第１条」には、「教育は、人格の完成を目指し、平和で民主的な国家及び社会の形成者として必要な資質を備えた心身ともに健康な国民の育成を期して行われなければならない」と定められています。これは非常によくできていると思います。あの悲惨な戦争の反省の上にできたわけです。

つまり、究極的には、外国語教育は平和のため、平和で民主的な国家及び社会を育成するためです。単なる「グローバル人材」のためではなく、人格の全面的な完成のためという原点を忘れてはならないと思います。

鳥飼 そういうことを政府から言われたくないのですよね。(笑)

目的はあったほうがいいと思います。それは、学んでいる生徒たちが、「何で英語なんかやらなきゃいけないの？ 普段は要らないじゃない」というときに、やはり答えを持っていてほしいということです。

今まで出なかったことを言うと、異なる世界観や文化を知るための１つの手立てとして、外国語を学ぶことは必要だと思っています。１つの外国語にはそれぞれ独特の文化と世界があるわけで、多文化共生への第一歩として他者理解のために外国語を学ぶ。英語に限りませんけど。それは複眼的視点からの思考を可能にして、自らの世界を豊かにすることにもなるんです。お上に「人格の完成を目指し」とか「心身ともに健康な国民」とか言われたくあ

りません。

大津 最後はお上が気になるってとこが江利川さんの限界ってもんだよ。（笑）だって前に、理不尽な政策は「やり過ごす」と言ったじゃないの。

江利川 英語科教育法の担当者としては、やはり原理原則はきちんと語った上で、個々の局面でいかにやり過ごすかを…。

　ああ、4人組は解散の危機に直面しています！（会場爆笑）

斎藤 すみません。少し修正させていただきます。目的だか目標だかわからなくなってしまいました。先ほどまでは、「何のために英語をやるの？」と言われたら、「そのうちわかるよ。君が決めろ」と言おうと思っていましたが、これからは、「英語を勉強することでこういう効果、価値がある」というのは知らせておいて、「それを選ぶのは君の自由だ。そのための基礎をやるのが学校で、英語教育の基本である。それが目的だ」…これならいいかな。（笑）

大津 東大教授はやっぱり弁が立ちます。だまされないように理性を働かせましょうね。冗談は別として、4人は、今回のことについてはすごく基本的なところで共通の見解を持っていますが、もちろん、それぞれ考えが違うところもあります。わりと自由に意見交換できる状態を作り上げてあるというのが、結構心地よいと思います。

4人組獅子奮迅録（その2）

英語教育政策に関連した本書執筆者4人の取り組みを紹介します。（2013年6月25日〜2014年5月）これ以前の取り組みについては前著『英語教育、迫り来る破綻』（ひつじ書房）の「4人組獅子奮迅録」をご覧ください。

○6月25日　鹿島平和研究所（会長　平泉渉）外交研究会において、鳥飼玖美子が「グローバル人材と英語——コミュニケーション能力は測定できるか？」と題した講演を行い、「グローバル人材育成」政策を紹介し批判した。

○6月26日　日本私立大学連盟『大学時報』（第351号 2013年7月号）の座談会に鳥飼玖美子が出席。テーマ『世界で活躍する人材を養成するための真の外国語教育とは』。出席者：吉田研作（上智大学言語教育研究センター長）、鳥飼玖美子（立教大学特任教授）、鈴木佑治（立命館大学生命科学部教授）、高島健造（玉川学園IB担当シニアスタッフ）；司会：仙波憲一（青山学院大学学長）。

○6月29日　富山大学で開催された第43回中部地区英語教育学会富山大会シンポジウム「生徒の目が輝くとき」に江利川春雄が登壇し、生徒の目を輝かせない一因に、人間教育を忘れた「グローバル人材」のための英語スキル主義があることを指摘した。

○6月30日　山梨県大月第一中学校講演会（閉校記念）にて「中学で学ぶべき英語」を鳥飼玖美子が語る。

○7月2日　NHK首都圏ネットワーク「暮らし　未来への選択：グローバル人材」に鳥飼玖美子が出演。小学校英語教科化について語った。（NHK報道局社会部　松井裕子）

○7月6日　立命館大学大学院言語教育情報研究科10周年記念行事（於衣笠キャンパス）に於いて、大津由紀雄が「ことばの教育のプロフェッショナルになるということ——複合努力の視点から」と題する特別講演を行った。この講演の内容を文字化したものが2014年2月に同研究科が作成した「10周年記念行事講演会・シンポジウム報告書」に収められている。

○7月6日　「立教スクールズフォーラム」における、「英語の一貫連携教育」パネルディスカッションの司会を鳥飼玖美子が務める。

○7月7日　日本国際文化学会　第12回全国大会（龍谷大学）において共通論題「グローバル社会における異文化調整と通訳翻訳」を鳥飼玖美子が司会。
　報告者：水野真木子、内藤稔、山本一晴、坪井睦子、中村幸子

○7月14日　東京の郁文館夢学園で開催された講演会「英語教育、迫り来る破綻――みんなで考え、行動しよう！」に大津由紀雄、江利川春雄、斎藤兆史、鳥飼玖美子が登壇。質疑応答を兼ねた4人の討論会が大いに盛り上がる。

○7月19日　関西経済同友会教育改革委員会にて鳥飼玖美子が講演し、「グローバル人材にとってのコミュニケーションとは何か」について語る。

○7月20日　甲南大学で開催された第35回言語教授法・カリキュラム開発研究会全体研究会において斎藤兆史が「日本の大学英語教育はどこに向かうのか」と題する基調講演を行い、大学英語教育におけるTOEFL・TOEIC中心主義を批判。

○7月20日　上智大学言語学会第28回大会のシンポジウムに江利川春雄が登壇し、「大学入試にTOEFL等」などの自民党・政府の英語教育政策の問題点を指摘した。

○7月24日　朝日新聞教育面のコラム「学びを語る」における「小学校での英語『教科化』」に、教科化に反対する鳥飼玖美子の意見が掲載される。（担当　社会部　大西史晃）

○7月26日　東京新聞「1、2歳の英語教室　人気『日本語の基盤先決』」を掲載。大津由紀雄の批判的コメントを掲載。「日本人として育てながら、英語を身に付けてほしいと考えるなら、日本語の基盤がないうちに習わせても、子どもを混乱させるだけ」「発音が立派でも、文章の形成能力がないと話せないし理解できない。本当の意味での外国語習得ができないまま、言葉の根無し草になるリスクがある」と大津。

○7月28日　「学びの共同体研究会」第3回夏季研究会の英語分科会で江利川春雄が提案者として登壇し、「政府・財界による試験・競争・格差の教育政策への反撃」を呼びかけた。

○8月4日　NHK「ニュース7」のグローバル人材育成に関する報道で鳥飼玖美子がコメント。狭義の英語力にとどまらず、語るべき内容を持ち、多様な文化への関心を抱くことが大切と指摘。

○8月4日　「週刊BS-TBS報道部」
　キャスター：杉尾秀哉、岡村仁美
　コメンテーター：生井俊重（経済評論家）
　小学校英語をテーマにした『未来ビジョン』（企画コーナー）で、下村博文文科大臣をスタジオに招き「必修化から2年、小学校英語の課題」、「"教科化""更なる低学年からの履修"が実現した場合の課題」などを中心に討論。小学校英語

賛成派として吉田研作（上智大学外国語センター長）、反対派として鳥飼玖美子がVTR出演。番組の中では、江利川春雄のブログから引用した1903（明治36）年『教育辞書』の中での小学校英語教育批判論が紹介された。

○8月8日　日本教育再興連盟（ROJE）加盟の大学生による「リレー対談」において、鳥飼玖美子が「英語教育のありかた」について語る。学生による記録がホームページで紹介される。

○8月9日　大阪大学中之島センターで開催された「教員のための英語リフレッシュ講座」で、江利川春雄が政府・財界の「グローバル人材」育成策の問題点について指摘した。

○8月16日　さいたま市教育委員会主催「英語教師のための実力UP」研修会（さいたま市立教育研究所）にて市内の公立中学英語教員対象に、鳥飼玖美子が現状のなかでいかに授業を工夫するかを指導した。

○8月17日　名古屋大学で開催された「教育のつどい2013 in 愛知」の外国語分科会で江利川春雄が基調提案を行い、超国家企業の利益のための「グローバル人材」育成に特化した安倍政権の外国語教育政策の問題点について提起した。

○8月20日　埼玉県私学教育研究大会（ラフレさいたま）において鳥飼玖美子が「これからの中高英語教育の方向性」と題し、私立中高英語教員に対して講演。

○8月23日　和歌山県民間教育研究集会まなびにさあーくる（和歌山市勤労者総合センター）において、江利川春雄が「大学入試にTOEFL!?　財界のグローバル人材要求で歪む英語教育をどうするか」と題した講演を行った。

○8月24日　大阪大学で開催された第6回英語教育総合学会で、江利川春雄が「超国家企業と政治家が破壊する学校英語教育」と題した基調講演を行った。

○8月31日　京都大学吉田キャンパスで開催された大学英語教育学会第52回国際大会　全体シンポジウム「国内関連学会代表者からの英語教育への提言」において、大津由紀雄が日本英語学会の前副会長として「混迷する英語教育を再生するには」と題する講演を行った。

○9月2日　公益財団法人中央教育研究所「自律した学習者を育てる英語教育の探求――小中高大を接続することばの教育」（主宰鳥飼玖美子）プロジェクト会議にて、江利川春雄が「受験英語の歴史」について講演。大津由紀雄、斎藤兆史も参加。

〇9月5日　和歌山県高等学校教職員組合第二支部教研集会で、江利川春雄が「授業は英語で・入試に TOEFL!?　グローバル人材要求で歪む高校英語教育をどうする？」と題した講演を行った。

〇9月8日　日本通訳翻訳学会年次大会（神田外語大学）における「大学における通訳翻訳教育」に関するシンポジウムにて、鳥飼玖美子が「大学外国語教育と通訳翻訳――日本学術会議提言より」と題し、日本学術会議報告「大学教育の分野別質保証のための教育課程編成上の参照基準　言語・文字分野」を紹介しつつ、大学英語教育におけるコミュニケーションと訳読の関係について講演。

〇9月9日　「暦日会」講演CD POWER LECTURE 10月号において、鳥飼玖美子が「グローバル世界に通じる英語教育とは」と題した講演を録音。

〇9月11日　アネスタ『Global 化に挑戦する大学』（高校生対象）において、「グローバル人材育成」政策について鳥飼玖美子が批判。

〇9月14日　「日本実用英語学会」第38回年次大会において、斎藤兆史が「教養ある実用英語と実用のための教養英語」と題する講演を行う。教養対実用の二項対立に基づく英語教育論を批判するとともに、TOEFLを「実用的」と考えることが誤解であることを指摘。

〇9月18日　日本経済新聞出版社『ducare デュケレ』Vol. 17のインタビュー記事において、斎藤兆史が「早期教育の幻想に踊らされないこと」の重要性と「型」を重視した学習の効果を強調。

〇9月22日　関西大学外国語教育学研究科新領域開設記念講演会において、鳥飼玖美子が大学／大学院における通訳翻訳教育の意義について講演し、訳読との関係についても語った。

〇9月27日〜9月30日　イタリア Colle di Val d'Elsa にて開催の「異文化教育と留学フォーラム」（Forum on Intercultural Learning and Exchange）にて、鳥飼玖美子が日本政府によるグローバル人材育成政策と海外留学をめぐる課題について発表。

〇9月30日　『［教師力向上マガジン］KINJIRO』Vol. 16の特集「英語教育はどこまで変われるか」で、江利川春雄が「小学校英語の早期化・教科化」、「中学校英語の英語による授業化」「大学入試・卒業要件に TOEFL等」の政策を批判した。

〇10月　（株）自然総研の経済誌『TOYRO BUSINESS』10月号が、江利川春雄の巻頭言「小学校に教科としての英語は必要か」を掲載した。

○10月　『新英語教育』10月号が特集「論争！『TOEFL問題』を読みとく──日本人と英語の学力」を組み、田島久士氏が「『英語教育、迫り来る破綻──みんなで考え、行動しよう！』に参加して」と題したルポルタージュを掲載、7月14日の4人組講演会を紹介した。

○10月4日　『週刊金曜日』10月4日号巻頭インタビューにて、鳥飼玖美子がグローバル人材と英語との関連を語る。

○10月19日　明海大学公開講座「通訳と翻訳の世界」において、鳥飼玖美子が「通訳者の役割──透明な存在か、文化の仲介か」について講演。

○10月19日　第12回東京大学ホームカミングデイ教育学部講演会において、斎藤兆史が「日本の英語教育はなぜ混乱するのか」と題する講演を行う。

○10月20日　立教大学校友会・立教大学共催ホームカミングデー公開トークにて鳥飼玖美子が「グローバル世界と英語コミュニケーション」について語る。

○10月21日～10月24日　NHK「ラジオ深夜便」ないとエッセーコーナーで鳥飼玖美子が4回にわたり「日本人と英語」について語る。

○10月27日　東京都「都立高校生言葉の祭典」で鳥飼玖美子が審査員を務める。

○10月31日　会津若松　大戸中学校にて鳥飼玖美子が「なぜ英語を学ぶか」について講演。公益財団法人中央教育研究所「福島原発地域避難児童生徒支援活動」事業の一環。

○11月　『中央公論』11月号が「英語の憂鬱──日本人最大のコンプレックス」と題する特集を組み、巻頭に鳥飼玖美子と斎藤兆史の対談「明治以来の憧れと敗北のDNA」を掲載。

○11月　『国語教室』第98号に大津由紀雄が「一緒にやろうよ、国語教育──言語教育への誘い」と題する論考を寄稿した。

○11月5日～11月21日　朝日新聞夕刊が「英語をたどって」(刀祢館正明編集委員執筆)を10回連載。江利川春雄が撮影協力(資料提供)した。第3回の「人材不足は教育のせい？」では、自民党教育再生実行本部の提言に反対する大津由紀雄、江利川春雄、斎藤兆史、鳥飼玖美子の取り組みと『英語教育、迫り来る破綻』(ひつじ書房)の反響の大きさを、第10回「もう、やめにしませんか」では斎藤兆史の見解を紹介した。

○11月7日　朝日小学生新聞に鳥飼玖美子の英語教育についての考えが掲載される。

○11月8日　『週刊金曜日』第967号が、特集「日本の英語教育は間違っている」のなかで、鳥飼玖美子のインタビュー記事「"英語を学ぶのは早い方がいい"は幻想」と、江利川春雄の「英語教育政策関連の年表」を掲載した。

○11月15日　宇都宮大学留学生センター主催のシンポジウム「ことばを学ぶ・教える・考える——グローバル時代に生きる若者たち」において、大津由紀雄が「ことばという宝物は最大限に活用してこそ意味がある」と題する講演を行った。

○11月18日　ネット・マガジン『キンジロー　教師力向上マガジン』の「編集長インタビュー」に、大津由紀雄が編集長天野智之のインタビューを受けたときの様子が「母語を学ばないことには外国語は学べない！」と題して掲載された。
　　http://www.g-education.com/special/interview/post-60.html

○11月23日　東京ミッドタウンで開催された慶應義塾大学SFC Open Research Forum 2013において慶應義塾大学総合政策学部の古石篤子が主宰した「「ことばの教育の、あした」を考える——多言語活動のすすめ（第2弾！）」に大津由紀雄がパネリストとして参加し、「小学校英語の基礎知識」と題する講演を行った。

○11月25日　長周新聞（山口県下関市）が「独立国家の学問は母国語で　先人の努力で世界水準に　逆行する大学講義の英語化」と題した論説で『英語教育、迫り来る破綻』（ひつじ書房）を取り上げ、大津由紀雄、江利川春雄、斎藤兆史、鳥飼玖美子の見解を紹介した。

○11月29日　和歌山県高等学校教育研究会英語部会第3ブロック研修会で、江利川春雄が「英語教育、迫り来る破綻を乗り越えるために——競争から協同へ」と題した講演を行った。

○11月30日　「和歌山県教育のつどい2013 in 日高」外国語分科会で、江利川春雄が基調提案を行い、「成長戦略に資するグローバル人材育成部会提言」や「第2期教育振興基本計画」で示された英語教育政策の問題点について提起した。

○12月　『総合教育技術』12月号の特集「グローバル人材を育てる！　必要なのは本当に「小学生英語」なのか？」でインタビュー
　　吉田研作、大津由紀雄、鳥飼玖美子

○12月　婦人之友社　『明日の友』207号掲載のインタビュー記事で鳥飼玖美子

が英語について語る。

○12月　大津由紀雄が『文藝春秋』12月号に掲載された藤吉雅春（ノンフィクションライター）「ドキュメント現代官僚論⑤文科省成長戦略を後押しする「教育改革」」に、そのための取材を受け2006年前後の小学校英語導入の裏側でどんなことが起こっていたかの一端を語った部分が採録された。

○12月　『英語教育』12月号の特集「授業に活かす言語学――文法、語彙、発音、作文、テスト作成から家庭学習まで」に、大津由紀雄が「英語教師が知っておきたい言語学とは？」を寄稿した。

○12月8日　AFS長野北信支部「AFSイベント」にて鳥飼玖美子が「異文化理解と高校生留学の意義」について講演を行った。

○12月14日　神戸女学院大学で開催された第7回英語教育総合学会のシンポジウム「激動する日本の英語教育――「英語で授業」と「小学校英語教科化」の先に」において、大津由紀雄が「小学校英語の問題をどう考え、行動すればよいのか」、江利川春雄が「小学校英語教育の歴史から学ぶ」と題した講演を行った。

○12月15日　日本学術会議分科会（於東京大学本郷キャンパス）において、大津由紀雄が「「グローバル化に対応した英語教育改革実施計画」をどう考え、行動すればよいのか」と題する話題提供を行い、多くの参加者の共感を得た。鳥飼玖美子は分科会委員として同席した。

○12月21日　大津由紀雄が奈良教育大学で開催された同大学持続発展・文化遺産教育研究センター主催の講演会において「ことばの力と教育――母語という礎」と題した講演を行った。この講演の内容を書き起こしたものが2014年3月に同センターが刊行した「活動報告書」に収録されている。

○2014年1月1日　日本児童英語振興協会の交流情報誌INTER JAPECが、江利川春雄の新春特別インタビュー記事「間違った英語教育政策『ちょっと待った！』　全ての子どもたちが幸せになる教育について考えよう　TOEFL活用の危険性と協同学習を取り入れた授業改善のすすめ」を掲載した。

○1月5日　新英語教育研究会関東ブロック集会において、斎藤兆史が「英語教育の現場に自信を取り戻す」と題する講演を行う。

○1月11日　鹿児島市で開催された第21回鹿児島TEFL研究会研究発表大会で、高校英語教員を主対象に、江利川春雄が「意欲と学力を高める協同学習のすすめ」と題した講演・ワークショップを行い、競争主義とスキル主義の政策に抗して協同と平等の原理による学びの必要性を提案。

○1月13日　毎日新聞日曜版「文科省『グローバル人材のための英語教育』」について、鳥飼玖美子がコメント。(取材　社会部　水戸健一)

○1月22日　和歌山県かつらぎ町教育講演会で、小中学校教員・校長・指導主事を対象に、江利川春雄が「協同学習を取り入れた授業改善――子ども同士の学び合いを通じて」と題した講演・ワークショップを行う。

○2月　『文藝春秋』2月号「やっぱり日本の英語教育はおかしい――TOEFL は英語教育の救世主なのか。間違いだらけの英語教育を斬る」で榊原英資氏と鳥飼玖美子が対談。

○2月4日　文部科学省が「英語教育の在り方に関する有識者会議」(座長　吉田研作氏)を設置し、大津由紀雄が委員として参加。

○2月18日　滋賀県立甲西高等学校研修会で、江利川春雄が「生徒が自ら学び合う授業づくり――教え込みから協同学習へ」を行う。

○2月22日　みやぎ教育文化研究センターにて、斎藤兆史が「『グローバル化』と英語――日本の英語教育はなぜ混乱するのか」と題する講演を行う。

○2月22日　東京国際大学での「子ども大学かわごえ」において、大津由紀雄が「ことばの魅力――ことばの楽しさ、不思議さ、怖さを実感しよう！」と題する授業を行う。

○2月22日　長野県上伊那地区英語教育研究会主催公開講演会にて、鳥飼玖美子が「コミュニケーションに使える英語を目指した日本の40年――これまで、そしてこれから」を語る。

○3月　『新潮45』3月号「特集：日本をダメにした9の元凶」において、鳥飼玖美子が「『グローバル人材育成』が英語教育を歪める」を執筆。

○3月　『英語教育』3月号に江利川春雄が「日本の英語辞書を築いた巨匠たち」を寄稿し、斎藤秀三郎などの日英語比較の格闘と志操の高さを紹介し、「授業を英語で行うことが『国際化』であるかのように錯覚する浅薄さ」を批判。

○3月1日　第3回 WASEDA ELF International Workshop (早稲田大学 ELF (国際共通語としての英語) 国際ワークショップにおいて、鳥飼玖美子が「日本の英語教育における国際共通語としての英語」について英語で講演。

○3月7日　『週刊朝日』3月7日号掲載の「激変する『大学の英語教育』」が、大津由紀雄、江利川春雄の批判的なコメントを掲載。「点数をあげるためのテク

ニックを養うことばかりに注力してしまい、能力テストの点数だけがいい『ハリボテ英語力』しか持たない学生が増えています」（大津）、「外国語に頼った明治初期のような教育に戻せば、日本人の学問水準が後退します」（江利川）。

○3月8日　産経新聞朝刊のオピニオン欄「英語教育は本田圭佑選手に学べ」（千野境子客員論説委員執筆）で、「英語教育行政は失敗を重ねてきた。犠牲者は国民。生徒も教師も被害者で、現状では、日本中の小学生に英語を教えられるだけの教師はいないと専門家は断言する」と総括。その上で、文部科学省の「英語教育の在り方に関する有識者会議」は「本田選手の体験を聞くとか、英語教育論の第一人者で小学生の英語教育に反対の立教大教授、鳥飼玖美子氏を招請するなどして、今度こそ失敗の連鎖に終止符を打たねばならない」と締めくくった。

○3月21日　大津由紀雄が京都大学吉田キャンパスで開催された発達心理学会第25回大会での日本発達心理学会・日本学術会議・共催公開シンポジウム「早期教育の光と影──英語早期教育は是か非か？」において話題提供者として登壇し、「公立小学校での英語教育が学校英語教育を破壊する」と題する講演を行った。

○3月28日　『週刊朝日』3月28日号の特集「宿命のライバル早慶」で、大津由紀雄が「早慶に限らず、いわゆる偏差値の高い大学は、中長期的な計画としていずれも「グローバル化」を掲げるなど、教育内容や方針からも個性が失われている」とコメントした。

○3月30日　Asahi Weeklyの特集「小学校での英語「教科化」それでもやりますか？」で、鳥飼玖美子と大津由紀雄の意見が掲載される。鳥飼は「学級担任ではなく、専門の教員養成を」と題したインタビュー記事の最後で「私が小学校英語に期待することはただひとつ、英語を嫌いにさせないで下さいということです」と訴えた。大津は「外国語学習のきっかけ作りは母語から」と題したインタビュー記事で、英語を特別視する傾向に警鐘を鳴らすとともに、思考力を支えるのは母語であることを強調した。

○4月　『現代思想』4月号の特集「ブラック化する教育」に大津由紀雄が「なぜ英語教育は混迷するのか──混迷からの脱却をめざして」を寄稿した。

○4月　国民教育文化総合研究所『教育と文化』2014年春75号において鳥飼玖美子が「グローバル人材と英語教育」について執筆した。

○4月1日　日本児童英語振興協会の交流情報誌 INTER JAPEC 第116号が、鳥飼玖美子の特別インタビュー記事「間違った英語教育政策『ちょっと待った！』それでも小学校から英語を教えるべきか」を掲載した。

○4月5日　京都大学で開催された「国際研究集会2014年　異文化間教育をめぐって──言語文化の教育学と教授法」で鳥飼玖美子が「日本政府のグローバル人材育成政策にみる〈異文化理解〉とその不在」と題した講演を行った。

○4月19日　NHK-FM「眠れない貴女へ」の「サロン・ド・ビジュー」コーナーに鳥飼玖美子が出演。英語について語る。

○4月20日　朝日新聞グローブNo. 133が「ことばにめざめる」と題した世界の言語事情を特集し、「外国語学習は政治や経済の影響をいやな応く受ける」などとする江利川春雄のコメントを紹介した。

○4月22日　TBSのテレビ「所さんのニッポンの出番！」が「日本人はなぜ英語ができないのか」を特集。江利川春雄が監修・出演し、小学校英語の開始時期を早めるよりも豊かな日本語力をつけさせることの方が大切などとコメントした。

○4月22日　『女性自身』4月22日号の特集「英語を喋ろう！」に鳥飼玖美子のインタビュー記事。小学校での英語教育導入に、疑問を投げかける。

○4月23日　大津由紀雄が「英語教育の在り方に関する有識者会議」第3回会合において、「「ことば」という視点──英語教育に決定的に欠けているもの」という発表を行い、英語教育政策に「ことば（language）」という視点がほぼ完全に欠落していること、そのことにより英語の運用能力を身につけるための素地すら形成できない生徒が多数存在することを指摘し、その視点を導入することの重要性を説いた。

○5月　『新英語教育』5月号に掲載された「妄想が暴走する英語教育政策」で、江利川春雄が政府・財界主導による英語教育政策の内容と政策決定過程の問題点を批判した。

○5月　『英語教育』5月号のリレー連載「私の本棚」欄で斎藤兆史が平泉渉・渡部昇一『英語教育大論争』を紹介しつつ、「抜本的」と称する英語教育改革提言を批判。

○5月1日　日本テレビの「news every.」が「小学生の英語教育「現状と課題」今は、小学校5年生から…」を特集。大津由紀雄がインタビューを受け、これまでの小学校英語教育政策の再検討、評価、反省のないまま、また新たな政策を打ち出すことの問題と、東京オリンピック・パラリンピックを視野にという短期的な視点だけで教育政策を論じることの危険性を指摘した。

○5月17日　外国語教育メディア学会関西支部春季大会（LET）にて、鳥飼玖

美子が基調講演。「国際共通語としての英語と学校英語教育の目標について」（ノートルダム清心女子大学）

追記（追記として『英語教育、迫り来る破綻』に記載していない情報を、記載します。）
○ 2013 年 4 月　大津由紀雄が『国語教育』（2013 年 4 月号から 2014 年 3 月号まで）に「ことばを学ぶ・ことばを教える」という連載を寄稿した。

あとがき

　本書は、2013年6月に刊行した大津由紀雄・江利川春雄・斎藤兆史・鳥飼玖美子の共著『英語教育、迫り来る破綻』(『迫り来る破綻』と略記)の続編です。
　2013年4月、自民党の教育再生実行本部は「成長戦略に資するグローバル人材育成部会提言」で大学入試・卒業要件にTOEFL等を導入する案を発表し、翌5月には政府の教育再生実行会議が「これからの大学教育等の在り方について(第三次提言)」で、小学校英語の早期化・教科化や中学校の英語授業を英語で行うことなどを提言しました。こうした無謀な方針は日本の学校英語教育を破綻させかねない。そうした強い危機感から、私たち4人は『迫り来る破綻』を緊急出版し、各種のメディアやシンポジウム等で批判の論陣を張りました(詳しくは、『迫り来る破綻』の「4人組獅子奮迅録」をご参照ください)。
　幸い、『迫り来る破綻』はたいへんな歓迎を受けました。Amazonでは「英語・外国語」と「教育行政・法律」の両部門で長らく売上げ1位を占め、何度も増刷を重ねました。英語教育関係者はもとより、さまざまな職種の人々が英語教育政策の現状に危機感を抱き、私たちの主張に共感してくれたからです。多くの新聞・雑誌・ウェブサイト等にも取り上げられ、内

容の一部は大学入試問題にも採用されました。感想や激励もいただきました。その中には「ぜひ第2弾を出してほしい」との要望も多数ありました。ひつじ書房の松本功社長も熱心に背中を押してくださいました。

　こうして、私たちはブックレットの第2弾として『学校英語教育は何のため？』に取りかかったのです。

　本書の準備中に、私たちにとって大きな動きがありました。文部科学省が2014年2月4日に発足させた「英語教育の在り方に関する有識者会議」の委員として、本書の執筆者である大津由紀雄を任命したのです。この有識者会議は今後の英語教育政策や次期学習指導要領を策定する上で重要な役割を果たす専門委員会です。そこに大津が加えられたことは、専門的能力が評価されたことは言うまでもありませんが、前著『迫り来る破綻』などで展開した大津らの主張を文部科学省も考慮せざるをえないという事情があるのだと思います。

　さらに、同年3月8日の産経新聞オピニオン欄に掲載された「英語教育は本田圭佑選手に学べ」（千野境子客員論説委員執筆）では、「有識者会議は本田選手の体験を聞くとか、英語教育論の第一人者で小学生の英語教育に反対の立教大教授、鳥飼玖美子氏を招請するなどして、今度こそ失敗の連鎖に終止符を打たねばならない」と述べています。

　学問的な根拠に基づいた私たちの主張や代案が、教育行政を誠実に担おうとする人々やジャーナリズムの共感をも呼ぶことができたと私たちは自負しています。

　とはいえ、グローバル化への対応を焦る経済界や政治家からの強い圧力を受けて、英語教育政策の前途はたいへん厳しいで

しょう。しかし、私たちは怯むことなく、学問研究と教育実践から導き出された知見に基づいて、声を上げ続けてまいります。

　読者のみなさん、ぜひ私たちと協働しながら、子どもたちの未来のために、学校英語教育の破綻をくい止め、より良いものにしていきましょう。そのために、私たちの主張に賛成か否かにかかわらず、皆さんのご意見をぜひお寄せいただけると幸いです。ひつじ書房気付けのメール（stop.hatan@gmail.com）ないし郵便でお送りください。

　声を力に変えていきましょう。

2014年初夏
著者一同

著者紹介

◆ 江利川春雄（えりかわ はるお）
和歌山大学教育学部教授
〈専門分野〉英語教育学、英語教育政策史
〈主著〉『協同学習を取り入れた英語授業のすすめ』（編著、大修館書店、2012年）、『英語教科書は〈戦争〉をどう教えてきたか』（研究社、2015年）

◆ 斎藤兆史（さいとう よしふみ）
東京大学大学院教育学研究科教授
〈専門分野〉英語文体論、英語教育、英学
〈主著〉『英語達人列伝―あっぱれ、日本人の英語』（中央公論新社、2000年）、『日本人と英語―もうひとつの英語百年史』（研究社、2007年）

◆ 鳥飼玖美子（とりかい くみこ）
立教大学名誉教授、昭和女子大学客員教授
〈専門分野〉英語教育、言語コミュニケーション論、通訳翻訳学
〈主著〉『英語教育論争から考える』（みすず書房、2014年）、『話すための英語力』（講談社、2017年）

◆ 大津由紀雄（おおつ ゆきお）
明海大学副学長、同大学外国語学部長、慶應義塾大学名誉教授
〈専門分野〉言語の認知科学
〈主著〉『英文法の疑問―恥ずかしくてずっと聞けなかったこと』（日本放送出版協会、2004年）、『ことばの力を育む』（窪薗晴夫との共著、慶應義塾大学出版会、2008年）

対談
◆ 内田樹（うちだ たつる）
神戸女学院大学名誉教授
〈専門分野〉フランス現代思想、映画論、武道論
〈主著〉『街場の教育論』（ミシマ社、2008年）、『街場の憂国会議―日本はこれからどうなるのか』（編著、晶文社、2014年）

ひつじ英語教育ブックレット　2
学校英語教育は何のため？

Hituzi English Language Education Booklet Series No.2
Why Teach English at School?
ERIKAWA Haruo, SAITO Yoshifumi, TORIKAI Kumiko, OTSU Yukio
Talk: UCHIDA Tatsuru and TORIKAI Kumiko

発行	2014年6月27日　初版1刷
	2017年8月25日　　　3刷
定価	1000円＋税
著者	©江利川春雄・斎藤兆史・鳥飼玖美子・大津由紀雄
発行者	松本功
装丁者	上田真未
本文イラスト	上田真未、萱島雄太
印刷・製本所	三美印刷株式会社
発行所	株式会社 ひつじ書房
	〒112-0011 東京都文京区千石2-1-2 大和ビル2階
	Tel.03-5319-4916　Fax.03-5319-4917
	郵便振替 00120-8-142852
	toiawase@hituzi.co.jp　http://www.hituzi.co.jp/

ISBN978-4-89476-727-0

造本には充分注意しておりますが、落丁・乱丁などがございましたら、小社かお買上げ書店にておとりかえいたします。ご意見、ご感想など、小社までお寄せ下されば幸いです。

ひつじ英語教育ブックレット　1
英語教育、迫り来る破綻
大津由紀雄・江利川春雄・斎藤兆史・鳥飼玖美子著　定価 952 円＋税
大学の入試や卒業要件に TOEFL 等の外部検定試験を導入する案が、自民党教育再生実行本部や政府の教育再生実行会議によって提案された。しかし、もしそれが現実となれば、学校英語教育が破綻するのは火を見るよりも明らか。危機感を持った 4 人が、反論と逆提案に立ち上がった……。
☆小学校英語教科化の問題点、白熱した座談会、関連年表なども収録。

探検！ことばの世界（新版）
大津由紀雄著　定価1600円＋税

『基礎英語』に連載され、その後、NHK出版から刊行され、好評を博した名著の新訂版。ことばの仕組みを楽しいイラスト（早乙女民）とともに、ユニークな視点で解説し、読者をことばの世界に誘う。「ワニバナナ」「茶色い目の大きな犬を飼っている宇宙人」「にせたぬきじる」など、楽しいトピックによって構成されている。中学生や高校生の言語読本としてだけでなく、入門期の英語学、言語学のテキストとしても優れている。

ことばに魅せられて　対話篇
大津由紀雄著　定価 1600 円＋税

好評『探検！ことばの世界』の姉妹編。対話形式で物語がすすんでいく本書は、「バイリンガルの頭の中って一体どうなってるの？」「ミツバチのダンス」、「回文」「リンス・イン・シャンプーって、リンス？　シャンプー？」といった、前著『探検！』ゆずりのことばに関する興味深いトピックが取り上げられている。前半部では認知科学や脳科学の視点からの考察を配置することで、言語の世界が閉じたものではなく広い世界につながっていることが理解しやすくなっている。格好の言語学入門。大学などの授業にも対応。『基礎英語』テキストに連載していたものの大幅改訂版。